C프로그래밍 응용 및 실습

step by step

황준하, 조재한, 손기봉 공저

홍릉과학출판사

차 례

이 책은 왜 만들어졌나!

아~~~ C 언어, 한숨이 먼저 나온다!?

현재 금오공과대학교 컴퓨터공학과에서는 1학년 1학기에 Python 언어를 배우고 1학년 2학기에 C 언어를 배우게 된다. 불과 몇 년 전만 하더라도 1학년 1학기와 1학년 2학기, 이렇게 1년에 걸쳐 C 언어를 배웠었다. 그러나 최근 Python이 다양한 분야에서 대세 언어로 부상하면서 Python을 먼저 접한 후 C 언어를 학습하도록 교과과정을 개편하였다. 그 이면에는 C 언어 자체의 난해함도 한몫 하였다.

1969년 Dennis Ritche에 의해 개발된 C 언어는 아직까지도 가장 많이 사용되고 있는 컴퓨터 프로그래밍 언어 중 하나이다. 특히 컴퓨터 하드웨어와 관련된 프로그램을 작성할 때 C 언어의 능력은 더욱 더 빛을 발하게 된다. 문제는 C 언어의 학습 난이도가 높다는 것이다. 이는 단순히 C 언어의 문법이 복잡함을 의미하는 것이 아니다. 문법만으로 따진다면 C 언어가 Python 보다 더 간결하다고 볼 수도 있다. 결국 프로그래밍 언어를 배운다는 것은 언어를 사용하여 자신이 표현하고자 하는 프로그램을 만드는 것이다. 그런데 C 언어는 컴퓨터공학 입문자가 이해하기 힘든 요소들을 많이 포함하고 있다. 대표적으로 악명을 떨치고 있는 요소가 바로 포인터이다. 이로 인해 컴퓨터공학 입문자가 C 언어를 자유자재로 활용할 수 있는 단계에 오르기까지 많은 경험과 시간을 필요로 한다.

반면에 Python은 C 언어에 비해 학습하기 쉽고 많은 기능들을 포함하고 있기 때문에 초보자들도 주어진 문제를 해결하기 위한 프로그램을 보다 쉽게 작성할 수 있다. 따라서 Python은 컴퓨터 프로그래밍 입문자들이 컴퓨팅적 사고 방식을 습득하고 프로그래밍을 통한 문제 해결 능력을 향상시키는 데 매우 효과적인 언어라 할 수 있다.

본 학과에서 1학년 2학기 C 언어를 학습하는 교과목은 "C프로그래밍"이다. 대부분의 프로그래밍 언어들은 변수, 제어문, 함수 등 공통적인 요소들을 포함하고 있다. "C프로그래밍" 수업에 참여하는 학생들은 이미 1학년 1학기에 Python을 접했기 때문에 C 언어에 포함되어 있는 공통적인 요소들에 대해서는 약간의 문법만 익히더라도 활용까지 가능한 것으로 파악되었다. 그럼에도 불구하고 배열 및 포인터 이후의 내용에 대해서는 매우 기본적인 활용에 그치고 있는 실정이다.

프로그래밍 언어에 익숙해지는 방법은 두 가지다. 첫 번째는 문법 요소의 의미를 정확히 이해하는 것이고, 두 번째는 실습을 통합 반복적인 연습이다. 이에 본 학과에서는 이론 위주의 "C 프로그래밍" 교과목과는 별도로 "C 프로그래밍 응용" 교과목을 개설하여 해당 주에 학습한 내용을 토대로 실습을 반복함으로써 원리를 이해하고 응용 능력을 향상시키 고자 하였다.

이 책은 "C 프로그래밍 응용"의 교재로 제작되었다. 매주 해당 주제에 대한 핵심적인 이 론을 설명하고 이어서 이를 활용한 기본 문제 및 응용 문제를 단계 별로 제시하고 있다. 학습자는 각 문제를 분석하고 이를 해결하기 위한 프로그램을 작성함으로써 C 언어 활용 능력을 향상시킬 수 있을 것이다. 지긋지긋한 C 언어, 바로 여기서 끝낼 수 있기를 희망 한다.

이 책은 왜 만들어졌나!

주 별 학습 내용은 어떻게 되나?

학습 내용은 총 13주차로 나뉘어져 있으며, 주 별 학습 내용은 다음 표와 같다.

주차	주제	내 용
1	C 프로그래밍 기초	• 프로그램 기본 구성 • Visual C++ 컴파일러 사용법 • 변수와 연산자
2	데이터 저장	• 데이터 표현 방식의 이해 • 상수와 기본 자료형 • printf 함수와 scanf 함수
3	제어문	• 반복문 • 조건문
4	함수	• 함수의 작성 및 활용
5	라이브러리 함수	• 주요 라이브러리 함수의 활용
6	배열	• 1차원 배열 • 다차원 배열
7	포인터 기초	• 포인터의 이해 • 포인터와 배열 • 포인터와 함수
8	포인터 활용 (1)	• 포인터의 포인터 • 다차원 배열과 포인터
9	포인터 활용 (2)	• 함수 포인터와 void 포인터 • 메모리 동적 할당
10	문자열 처리	• 문자와 문자열 처리
11	구조체	• 구조체 • 열거형
12	파일 입출력	• 텍스트 파일 입출력 • 바이너리 파일 입출력
13	다중파일 프로그래밍	• 전처리기 • 다중파일 프로그래밍

이 책은 Python을 경험한 학생들을 대상으로 하고 있다. 따라서 C 언어와 Python에 공통적으로 포함되어 있는 "함수"까지의 내용은 빠르게 학습이 가능하도록 구성되어 있다. 그리고 나서 배열, 포인터, 구조체, 파일 등 보다 심도 있게 다루어야 될 내용들에 대해 보다 많은 시간을 할애하고 있다. 그렇다고 해서 이 책이 Python과 같은 다른 언어에 대한 지식을 반드시 필요로 하는 것은 아니다. 따라서 프로그래밍 언어를 처음 접하는 학생이라 하더라도 처음부터 차근차근 단계를 밟아나간다면 충분한 이해가 가능할 것이다.

각 주 별 학습 내용은 어떻게 구성되어 있나?

각 주 별 학습 내용은 4단계로 구성되어 있다.

1단계는 "이 정도는 눈 감고도 설명할 수 있다"이다. 프로그래밍에 익숙해지기 위해서는 많은 실습을 필요로 한다. 그러나 프로그래밍 역시 해당 언어의 문법과 원리를 기반으로 하고 있기 때문에 기본적인 문법 및 원리를 이해해야만 한다. 따라서 1단계에서는 기본적으로 이해하고 있어야 하는 내용들에 대해 개조식으로 설명한다. 요점만 설명하되 본 내용만으로 C 언어를 충분히 활용할 수 있도록 주요 내용을 모두 포함하려고 노력하였다. 이 내용들은 각자 눈 감고도 설명할 수 있도록 해야 한다. 이를 위해서는 먼저 이해한 후에 본인이 직접 누군가를 가르치듯이 설명할 수 있어야 한다.

2단계는 "이 정도는 눈 감고도 만들 수 있다"이다. 2단계에서는 기본 문법 및 이론을 적용한 기초 문제를 제시한다. 해당 문법을 익힐 수 있는 전형적인 문제로 구성된다. 이 단계의 경우 문제에 대해 깊이 생각하지 않고도 바로 프로그램을 작성할 수 있을 정도로 쉬운 문제가 제시될 것이다. 기본 문법 및 이론에 대한 이해가 충분한지 스스로 점검할 수 있을 것이다.

3단계는 "조금만 생각하면 이 정도는 쉽게 만들 수 있다"이다. 기본 문법에 익숙해졌다면 이를 활용할 수 있어야 한다. 3단계에서는 해당 문법을 활용하되 기초적인 알고리즘을 요구하는 문제를 제시한다. 이 단계의 문제를 해결하기 위해서는 먼저 문제를 분석하고 어떻게 해결할 것인지를 생각해야 한다. 이 과정을 "설계"라고 한다. 설계 후에 설계 결과에 따라 프로그램을 작성하면 된다. 물론 프로그램 실행 결과에 이상이 있다면 설계 및 프로그램에 대한 수정 작업이 필요하다.

마지막으로 4단계는 "나도 이런 프로그램을 만들 수 있다"이다. 4단계 역시 3단계와 마찬가지로 설계가 필요한 문제들이 제시된다. 단, 3단계의 문제들보다 난이도가 다소 높을 것이다. 3단계와 마찬가지로 문제 해결을 위한 방법을 먼저 생각하고 프로그램을 작성하면 된다.

자료 구조 및 알고리즘 기초

학습 내용 본 구성, 컴파일러 사용, 변수와 연산자

학습 목표
- C 프로그램의 실행 단계에 대해 설명할 수 있다.
- 변수의 개념에 대해 이해한다.
- 함수의 개념에 대해 이해한다.
- C 프로그램의 기본 구성 요소에 대해 이해한다.
- printf 함수의 기본 사용 방법에 대해 이해하고 사용할 수 있다.
- C 프로그램을 실행할 수 있는 환경을 구축하고 활용할 수 있다.
- 변수에 데이터를 저장할 수 있다.
- 연산자를 사용하여 데이터를 조작할 수 있다.
- scanf 함수의 기본 사용 방법에 대해 이해하고 사용할 수 있다.

1단계 | 이 정도는 눈 감고도 설명할 수 있다.

《 C 프로그램 작성 및 실행 단계 》

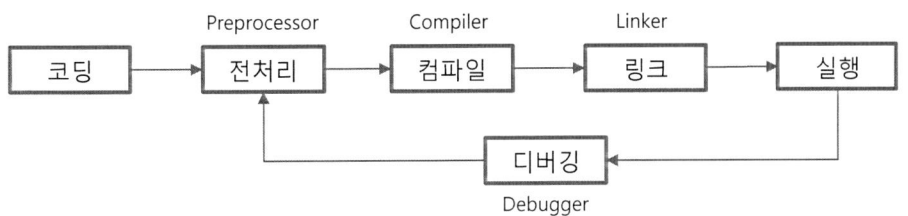

- 코딩: C 언어 문법을 사용하여 문제 해결을 위한 코드를 작성한다. 코드는 1개 이상의 소스 파일로 구성된다.

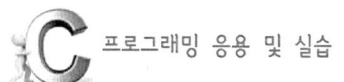

- 전처리: 전처리문들을 반영하여 실제 컴파일 대상이 되는 소스 파일을 만든다. 전처리기가 본 단계를 담당한다.

- 컴파일: 소스 파일 별로 컴퓨터가 이해할 수 있는 기계어 코드로 변환하며 이를 목적 코드라 한다. 컴파일러가 본 단계를 담당한다.

- 링크: 목적 코드들과 라이브러리 코드들을 통합하여 실행 파일을 만든다. 링커가 본 단계를 담당한다.

- 실행: 실행 파일을 실행한다.

- 디버깅: 실행 결과가 의도한 바와 다른 경우 프로그램을 수정한다. 이때 디버거를 통해 한 문장씩 실행하면서 그 결과를 점검할 수 있다.

❰ 변수 ❱

- 프로그램은 데이터를 처리하는 것이다. 데이터는 값으로 표현되고 변수는 값을 저장하기 위해 사용된다. 값에는 종류(타입)가 있으며 해당 값을 저장하기 위해서는 동일한 종류의 변수를 사용한다. 지금부터는 "종류"라는 용어 대신 "타입"을 사용한다.

- 정숫값을 의미하는 int 타입의 값 100을 저장하기 위한 변수는 다음과 같이 작성할 수 있다.

```
int num = 100;
```

- 변수의 이름은 알파벳 대문자와 소문자, 숫자, '_' 문자로 구성되며, 첫 번째 문자로는 숫자를 사용할 수 없다.

❰ 함수 ❱

- C 프로그램은 함수를 작성하고 활용하는 것이라 할 수 있다.

- 수학에서 함수란 입력 값에 대해 대응되는 값을 출력하는 대응 관계를 의미한다. 이와 마찬가지로 C 언어의 함수도 입력값들을 기반으로 새로운 값을 만들어 출력하게 된다.

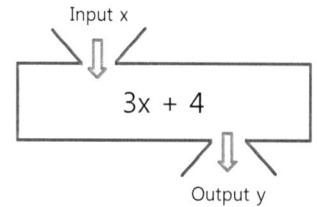

◀ C 언어 함수의 구성 요소 ▶

• 함수 이름

• 입력값을 저장하는 변수: 입력값이 없을 수도 있으며, 여러 개가 있을 수도 있다.

• 반환 타입: 최종 출력값의 타입을 기술한다. 반환값은 1개가 원칙이나 없을 수도 있다. return 문을 통해 값을 반환한다.

• 다음 Sum 함수는 정숫값 2개를 전달받아 합산한 결과를 반환한다.

```c
int Sum(int num1, int num2)
{
    int num3 = num1 + num2;
    return num3;
}
```

• 함수를 사용하기 위해서는 해당 함수를 호출해야 한다. 함수의 반환값을 변수에 저장하여 사용할 수 있다.

```c
int num1 = Sum(3, 4);
```

◀ C 프로그램의 기본 구성 요소 ▶

```c
/* 첫 번째 프로그램. 이것은 주석입니다.
   2018년 황준하 작성                    */
#include <stdio.h>                          // 전처리문

int main(void)                              // main 함수
{
    printf("안녕 C 언어 \n");
    return 0;                               // 0 반환
}
```

• 주석: 프로그래머가 참고하기 위한 설명문으로 프로그램의 실행에는 영향을 미치지 않는다. 한 줄 주석은 "//"로 시작하며, 블록 주석은 "/*"로 시작하여 "*/"로 끝난다.

• # 문자로 시작하는 전처리문: 컴파일러가 컴파일을 실행하기 전에 전처리기가 처리할 문장들의 의미한다. #include 전처리문은 해당 파일의 내용을 그대로 복사한다. "stdio.h" 헤더 파일은 printf 함수를 포함하고 있다.

- main 함수: 해당 프로그램을 실행하면 가장 먼저 실행되는 함수로 반드시 존재해야 하며 반드시 1개만 존재해야 한다. 입력값은 없으며(void로 표기함) 정숫값을 반환한다.

- 그 외에는 printf 함수의 사용 예와 같은 함수 호출, 변수 선언, 연산자 적용 등 해당 문제를 위한 문장들이 사용된다. 하나의 문장은 세미콜론(;)으로 끝난다.

◀ printf 함수의 기본 사용 방법 ▶

- printf 함수는 문자열을 출력하기 위한 C 표준 라이브러리 함수로 출력할 문자열 (" ")을 입력값으로 전달한다.

- 필요한 경우 서식 문자를 사용하여 다양한 타입의 값을 출력할 수 있다. %d는 int 타입의 정숫값을 의미하며 %f는 float 또는 double 타입의 실숫값을 의미한다. '\n'은 특수 문자 중 하나로 다음 줄로의 이동을 의미한다.

- 실숫값은 기본적으로 소수점 이하 여섯째 자리까지 표기된다.

```c
#include <stdio.h>

int main(void)
{
    int num1 = 3;
    double num2 = 4.5;

    printf("안녕 C 언어 \n");
    printf("%d + %f = %f \n", num1, num2, num1 + num2);

    return 0;
}
```

▸ 실행 결과

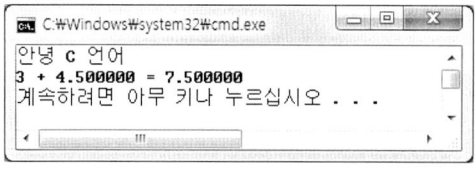

```
C:₩Windows₩system32₩cmd.exe
안녕 C 언어
3 + 4.500000 = 7.500000
계속하려면 아무 키나 누르십시오 . . .
```

◀ C 프로그래밍 환경 구축 ▶

- C 언어와 같은 고급 프로그래밍 언어들은 사람에게 익숙한 용어들로 이루어져 있으므로, 이를 컴퓨터가 이해할 수 있는 언어인 기계어로 번역하는 컴파일러가 필요하다.

- Visual Studio는 Windows 운영 체제 상에서 소스코드 작성부터 실행에 이르기까지 일련의 과정을 수행할 수 있는 통합개발환경을 제공한다. Visual Studio Community 버전은 무료로 사용이 가능하다.
- Visual Studio에서 C 프로그램 작성 절차는 다음과 같다.
  - 프로젝트 생성: [파일] – [새로 만들기] – [프로젝트] 메뉴를 통해 프로젝트를 생성한다. 템플릿 중 Win32 콘솔 응용 프로그램으로 설정한다.
  - 소스 파일 추가: [프로젝트] – [새 항목 추가...] 메뉴를 통해 소스 파일을 추가한다. 파일 이름의 확장자 명을 반드시 .c로 작성한다.
  - 코딩: 소스 파일에 코드를 작성한다.
  - 컴파일 & 링크: [빌드] – [솔루션 빌드] 메뉴를 통해 컴파일 및 링크를 실행한다. 프로그램이 정상적으로 작성되었다면 프로젝트 폴더의 "Debug" 폴더에 실행 파일(.exe)이 만들어진다. 오류가 발생한 경우 디버깅을 한다.
  - 실행: [디버그] – [디버깅하지 않고 시작] 메뉴를 통해 프로그램을 실행한다.

◀ 변수의 타입과 활용 ▶

- 데이터(값)를 저장하기 위해서 변수를 사용하며 대표적인 변수의 타입은 다음과 같다.

데이터 타입	저장값의 종류	메모리 크기	표현 범위
int	정수	4바이트	$-2,417,483,648 \sim 2,147,438,647$
char	정수	1바이트	$-128 \sim 127$
float	실수	4바이트	$-3.4 \times 10^{38} \sim 3.4 \times 10^{38}$
double	실수	8바이트	$-1.8 \times 10^{308} \sim 1.8 \times 10^{308}$

- char 변수는 아스키 코드(문자)를 저장하는 데 많이 사용되며 문자열을 저장하기 위한 char 배열을 만드는 데 사용된다.

◀ 연산자의 종류와 활용 ▶

- 변수 또는 값을 대상으로 연산자를 적용하면 그 결과로 새로운 값이 반환된다.
- 많이 사용되는 연산자로는 다음과 같은 연산자들이 있다.

연산자	기능	사용 예	
		연산자 적용	결과값
+, -, *, /	덧셈, 뺄셈, 곱셈, 나눗셈	3 + 4	7
%	나머지셈	5 % 3	2
=, +=, -=, …	대입	a = 3	3
==, !=	동등 비교	3 == 4	0 (거짓)
〈, 〉, 〈=, 〉=	대소 비교	3 〈 4	1 (참)
&&, ‖, !	논리곱, 논리합, 논리부정	(3 〈 4) && (5 〈 4)	0 (거짓)
&, ‖, ·	비트AND, 비트OR, 비트XOR	1 & 2	3

- 수학에서와 같이 C 언어의 연산자에도 우선 순위와 결합 법칙이 존재한다. 예를 들면 곱셈(*)과 나눗셈(/)은 덧셈(+)과 뺄셈(-)보다 우선 순위가 높으며, 덧셈의 결합 법칙은 왼쪽에서 오른쪽으로 진행된다. 괄호 연산자(())의 우선 순위가 가장 높으므로 괄호 연산자를 사용하여 적용 순서를 변경할 수 있다.

◀ scanf 함수의 기본 사용 방법 ▶

- scanf 함수는 문자열로 입력된 데이터를 변수로 저장하기 위한 C 표준 라이브러리 함수이다.

- 데이터는 공백 문자를 기준으로 구분한다. int 타입의 정숫값을 저장하기 위해서는 서식 문자로 %d를 사용하며 이 값을 저장할 변수의 시작 주소를 기술해야 한다. 변수의 시작 주소는 & 연산자를 사용하면 된다. double 타입의 실숫값을 저장하기 위해서는 서식 문자로 %lf를 사용하며 float 타입의 실숫값을 저장하기 위해서는 %f를 사용한다.

```c
#include <stdio.h>

int main(void)
{
    int num1;
    double num2;

    printf("정숫값 1개와 실숫값 1개 입력 : ");
    scanf("%d %lf", &num1, &num2);
    printf("%d + %f = %f \n", num1, num2, num1 + num2);
```

```
        return 0;
    }
```

▸ 실행 결과

* scanf 함수와 scanf_s 함수의 차이점
  - scanf 함수를 사용하여 코딩을 한 후 컴파일을 하면 출력창에 아래와 같은 메시지가 출력되는 것을 볼 수 있다.

> 'scanf' : This function or variable may be unsafe, Consider using scanf_s instead, To disable deprecation, use _CRT_SESURE_NO_WARNINGS, See online help for details.

  - 경고 메시지의 요점은 scanf 함수 대신 scanf_s 함수를 사용하라는 것이다. scanf_s 함수는 scanf 함수와 달리 문자나 문자열을 입력받을 때 해당 변수의 크기(바이트 단위의 버퍼 크기)도 함께 전달하는 구조로 되어 있다.
    ▷ canf_s("%c", &ch, 1);
  - 변수의 크기를 전달하는 이유는 입력 시 오버플로우가 발생하는 것을 방지하기 위함이다. 즉, 지정된 크기 이내로만 값을 저장함으로써 허용되지 않는 메모리를 사용하는 위험을 방지하게 된다.
  - scanf_s 함수는 보안 상의 문제를 해결하기 위해 Visual Studio에 포함된 함수이며, 실제 표준 C 함수는 scanf 함수이다. 따라서 C 언어를 학습하는 단계에서는 scanf 함수를 사용해도 무방하다.

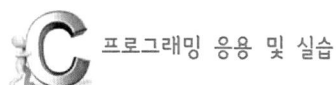
2단계 ┃ 이 정도는 눈 감고도 만들 수 있다.

[문제 1] 컴파일러 사용하기: Visual Studio를 활용하여 다음 프로그램을 작성하고 실행하라.

```c
// 첫 번째 프로그램. 이것은 주석입니다.
#include <stdio.h>

int main(void)
{
    printf("안녕 C 언어 \n");
    return 0;
}
```

- 실습 및 프로그래밍 절차
  - 프로젝트를 생성한다.
  - 소스 파일을 추가한다.
  - 코드를 작성한다.
  - 빌드를 실행한다.
  - 실행한다.

[문제 2] printf 함수 사용하기: printf 함수를 사용하여 자신을 소개하는 프로그램을 작성하고 실행해 보라. 이름, 나이, 주소, 장래 희망을 반드시 포함해야 한다.

- 참고 사항
  - 아래 예시를 참고하라.

```c
printf("이름 : ");
printf("홍길동\n");
printf("국적 : ");
printf("대한민국\n");
```

- 실습 및 프로그래밍 절차
  - 문제 1과 동일한 절차에 따라 프로그램을 작성한다.
  - printf 함수를 다양한 방식으로 사용한다.

3단계 | 조금만 생각하면 이 정도는 쉽게 만들 수 있다.

문제 1 구구단 출력하기: 사용자로부터 2에서 9까지의 정수 중 하나를 입력받은 후 해당 단의 구구단을 출력해 보라.

• 실습 및 프로그래밍 절차
  - scanf 함수를 사용하여 사용자로부터 값을 입력받는다.
  - 연산자를 사용하여 해당 단의 구구단을 계산 및 출력한다.

문제 2 합산 결과 출력하기: 1부터 10까지의 값을 모두 더한 결과를 출력하라. 아직 제어문(반복문 및 조건문)에 대해 배우지 않았으므로 제어문을 사용할 수 없다. 한 문장에는 연산자를 단 1개만 사용할 수 있다(대입문 제외).

• 실습 및 프로그래밍 절차
  - 수를 사용하여 합산 결과를 저장한다.

문제 3 특수문자를 사용하여 메뉴판 출력하기: printf 함수 사용 시 특수문자를 사용하여 메뉴판을 출력하는 프로그램을 작성해 보라.

• 참고 사항
  - 메뉴판에는 시작, 도움말, 종료의 문자가 들어가도록 만든다.
  - 메뉴판의 테두리는 특수문자를 사용하여 적당한 크기의 사각형 네모 박스 형태로 만든다.

• 실습 및 프로그래밍 절차
  - printf 함수를 사용하여 순서대로 필요한 문자열을 출력한다.
  - 메뉴판의 테두리에 해당하는 문자의 출력을 위해 특수문자를 사용한다.

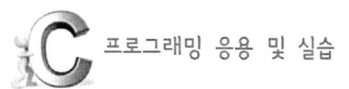

• 실행 예

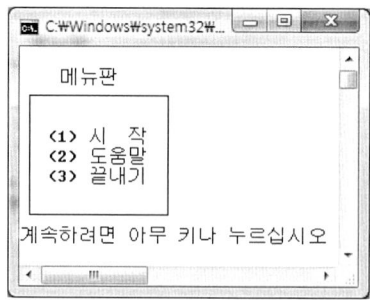

4단계 | 나도 이런 프로그램을 만들 수 있다.

문제 1 수식 사용하기: 사용자로부터 2개의 int 정숫값을 입력받아 각각 변수 num1과 num2에 저장한다. 이때 앞의 숫자(num1)가 뒤의 숫자(num2)보다 작으며, num1부터 num2까지의 일련의 정숫값들은 모두 짝수 개라고 가정한다. num1부터 num2까지의 정숫값을 모두 더한 결과를 출력하라. 제어문은 사용할 수 없다.

• 참고 사항
  - 예를 들어, 1부터 10까지의 모든 정숫값을 더한 값은 { (1 + 10) * 5 }와 같은 수식을 통해 계산이 가능하다.

• 실습 및 프로그래밍 절차
  - scanf 함수를 사용하여 사용자로부터 2개의 정숫값을 입력받는다.
  - 수식을 사용하여 합산 결과를 계산하고 그 결과를 출력한다.

• 실행 예

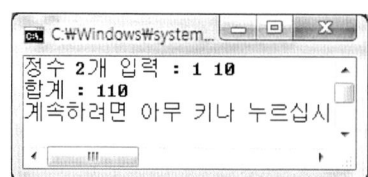

문제 2 연산자 사용하기: 사용자로부터 2개의 정숫값을 입력받되 항상 0 또는 1이 입력되는 것으로 가정하라. 이때 0은 논리값 False를 1은 논리값 True을 의미한다. 2개의 입력값에 대한 논리 AND, OR, XOR 연산 결과를 출력해 보라.

• 참고 사항
  – 논리 AND는 && 연산자를, 논리 OR는 || 연산자를 사용하면 된다. 그런데 C 언어에는 논리 XOR에 해당하는 연산자가 존재하지 않는다. 논리 XOR는 두 입력값이 다르면 True(1)가 되고 같으면 False(0)가 됨을 의미한다. C 언어의 다른 연산자를 적용하여 이와 같이 출력될 수 있도록 만들어 보라.

• 실습 및 프로그래밍 절차
  – scanf 함수를 사용하여 사용자로부터 2개의 정숫값을 입력받는다.
  – 논리 연산자를 적용한 연산 결과를 출력한다.
  – 기존 연산자들을 사용하여 XOR 연산을 수행하는 방법에 대해 생각해 보라.

• 실행 예

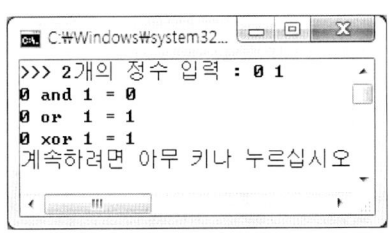   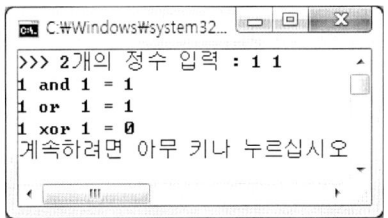

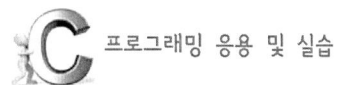

실습 보고서

다음 양식에 따라 각 문제에 대한 실습 결과 보고서를 작성한다. 단계 별로 모든 항목들에 대해 기술해야 하나 단계 또는 문제에 따라 각 항목 별 분량에 차이가 날 수 있다.

학과		학번		이름	
학년		작성일시		담당교수	
실습 단계		문제			
문제 분석	무엇을 만들고자 하는지를 파악하고 설명한다.				
학습 내용	실습 과정에서 필요한 기술적 요소에 대해 기술한다. 예를 들어 4단계-문제2의 경우 AND, OR, XOR 등의 논리 연산자를 사용해야 한다. 따라서 해당 연산자들의 의미와 사용 방법에 대해 설명한다.				
알고리즘 기술	프로그램 전체 또는 핵심 부분에 대한 알고리즘을 기술한다. 이때 순서도나 의사 코드를 사용할 수도 있지만 보다 자유로운 형식으로 기술할 수도 있다. 각 문제 별로 제시한 내용을 참고하라.				
프로그램 구현	소스 코드의 분량이 적을 경우에는 소스 코드 전체를 기술한다. 다만 소스 코드의 분량이 많을 경우에는 주요 소스 코드만 첨부하며 전체 소스 코드는 별첨으로 첨부한다.				
실행 결과	실행 결과 화면을 첨부하며 실행 방법 및 실행 결과에 대해 설명한다.				
종합 분석	본 실습을 통해 습득한 능력 및 느낀 점을 기술한다.				

데이터 저장

학습 내용 데이터 표현 방식, 상수와 기본 자료형, printf 함수와 scanf 함수

학습 목표
- 10진수, 2진수, 8진수, 16진수에 대해 이해한다.
- 정수의 표현 방식에 대해 이해하고 설명할 수 있다.
- 실수의 표현 방식에 대해 이해하고 설명할 수 있다.
- 비트 단위 연산자를 활용할 수 있다.
- C 언어의 기본 자료형에 대해 설명할 수 있다.
- 문자의 표현 방식에 대해 이해하고 설명할 수 있다.
- 상수에 대해 이해하고 사용할 수 있다.
- 자료형 변환의 개념에 대해 이해하고 사용할 수 있다.
- printf 함수를 다양한 방식으로 활용할 수 있다.
- scanf 함수를 다양한 방식으로 활용할 수 있다.

1단계 | 이 정도는 눈 감고도 설명할 수 있다.

◀ 10진수, 2진수, 8진수, 16진수 ▶

- 컴퓨터는 기본적으로 모든 데이터를 2진수로 저장한다. 이때 하나의 0 또는 1을 저장하는 단위를 1비트라고 하며, 8개의 비트를 모아 1바이트라고 한다.

- 정숫값 표현을 위해 10진수와 더불어 8진수와 16진수를 많이 사용한다.

- 2진수에서 10진수로의 변환
  - $101.101 = 1 \times 2^2 + 0 \times 2^1 + 1 \times 2^0 + 1 \times 2^{-1} + 0 \times 2^{-2} + 1 \times 2^{-3} = 5\dfrac{5}{8}$

- 10진수에서 2진수로의 변환
  - $10.6875 = 1010.1011$

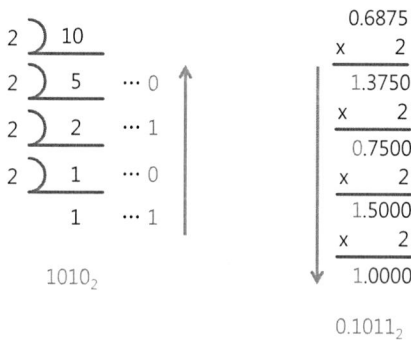

1010_2

0.1011_2

- 2진수를 8진수로 변환하고자 할 때는 3자리씩 끊어서 변환하면 되고, 2진수를 16진수로 변환하고자 할 때는 4자리씩 끊어서 변환하면 된다.

  – 2진수 011101011100 → 011 ¦ 101 ¦ 011 ¦ 100 → 8진수 3534

  – 2진수 011101011100 → 0111 ¦ 0101 ¦ 1100 → 16진수 75C

- 정숫값 표현 시 16진수는 0x 접두사를 붙이고 8진수는 0 접두사를 붙인다. printf 함수 사용 시 10진수, 8진수, 16진수로의 출력을 위해 각각 서식 문자 %d, %o, %x를 사용한다.

```c
#include <stdio.h>

int main(void)
{
    int num1 = 10, num2 = 0xA, num3 = 012;

    printf("%d %o %x \n", num1, num1, num1);
    printf("%d %o %x \n", num2, num2, num2);
    printf("%d %o %x \n", num3, num3, num3);

    return 0;
}
```

▸ 실행 결과

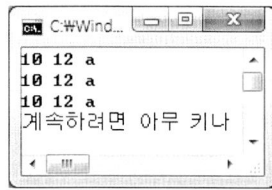

◀ 정수의 표현 방식 ▶

- C 언어에서 정숫값을 저장하기 위해 2의 보수 표기법을 사용한다. 0과 양의 정수는 기존의 2진수 표현 방식과 동일하다. 예를 들면 정숫값을 8비트로 표현할 때 양수 5는 00000101과 같이 표현된다. 음수는 2의 보수 표기법을 통해 표현되는데 먼저 동일한 크기의 양수에 대해 1의 보수를 취한 후 1을 더한 값으로 표현된다.

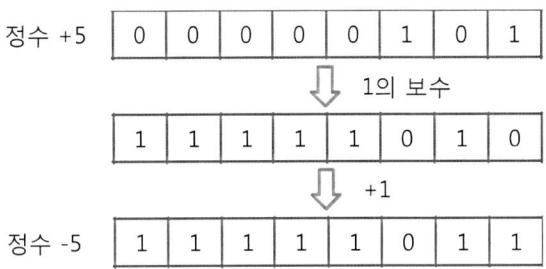

- 절댓값이 동일한 양수와 음수 사이에는 다음과 같은 성질이 성립한다.

  – 이 두 값을 오른쪽에서 왼쪽으로 읽어나갈 때 첫 번째 1을 만나는 위치까지는 서로 동일한 값을 가지며 그 다음 위치부터는 서로 다른 값들로 구성된다.

◀ 실수의 표현 방식 ▶

- 실숫값은 부동 소수점 방식에 따라 저장된다. float 타입의 경우 총 32비트로 표현되는데 첫 번째 비트는 부호 비트를 나타내며 그 다음 8비트는 지수를 그 다음 나머지 비트는 가수를 나타내는 데 사용된다. double 타입의 경우 총 64비트로 표현되며 부호, 지수, 가수를 나타내기 위해 각각 1비트, 11비트, 52비트를 사용한다.

- float 실숫값 -2.5를 2진수를 나타내면 -10.1이 된다. 이를 부동 소수점 방식으로 나타내면, $-1.01 \times 2^{+1}$이 된다. 즉, $\pm 1.m \times 2^n$ 형태로 나타내는 것이다. 여기서 부호는 음수(-), 지수는 +1, 가수는 1.01이 되며, 다음과 같이 3개의 구간(음수, 지수, 가수)에 대한 값으로 사용된다. 가수의 경우 1의 자릿수 1을 제외한 2진수 값들이 저장된다.

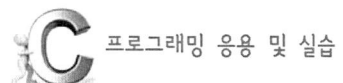

부호	지수	가수
-	+1	0100000...

– 이 값을 float 타입의 32비트로 표현하면 다음과 같다. 부호의 경우 양수는 0, 음수는 1로 표현된다. 지수의 경우 8비트로 표현되므로 127 초과 표기법을 사용하는데, 원래 10진수 값에서 127을 더한 수의 2진수가 된다. 예를 들면 1의 경우 (1 + 127) = 128 = 10000000_2 으로 표현된다. 따라서 지수는 -127부터 128까지 표현될 수 있다.

부호	지수									가수																						
1	1	0	0	0	0	0	0	0	0	1	0	0	0	0	0	0	0	0	0	0	0	0	0	0	0	0	0	0	0	0	0	0

◀ 비트 단위 연산자의 활용 ▶

• 비트 단위 연산자는 다음과 같다.

연산자	기능	사용 예	
		연산자 적용	결과값
&	비트 단위 AND	5 & 6	4
|	비트 단위 OR	5 | 6	7
^	비트 단위 XOR	5 ^ 6	3
~	비트 단위 NOT	~5	1
<<	비트열을 왼쪽으로 이동	5 << 2	20
>>	비트열을 오른쪽으로 이동	5 >> 1	2

• << 연산자를 사용하면 해당 자릿수만큼 비트열들이 왼쪽으로 이동하며 빈 자리는 0으로 채워진다. 왼쪽으로 한 칸씩 이동할 때마다 정숫값은 두 배씩 증가하게 된다.

• >> 연산자의 경우 해당 자릿수만큼 오른쪽으로 이동하며 빈 자리는 기존의 첫 번째 자리의 값으로 채워진다(부호가 동일한 산술적 이동). 오른쪽으로 한 칸씩 이동할 때마다 정숫값은 반으로 감소한다.

```
#include <stdio.h>

int main(void)
{
    int num1 = 15;          // 00000000 00000000 00000000 00001111
    int num2 = num1 << 2;   // 두 칸 왼쪽으로 이동 : 4배 증가 (60)
    int num3 = num2 >> 1;   // 한 칸 오른쪽으로 이동 : 반으로 감소 (30)

    printf("num1 : %d \n", num1);
    printf("num2 : %d \n", num2);
    printf("num3 : %d \n", num3);

    return 0;
}
```

▶ **실행 결과**

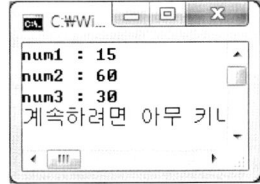

```
num1 : 15
num2 : 60
num3 : 30
계속하려면 아무 키ㄴ
```

◀ C 언어의 기본 자료형 ▶

- C 언어의 기본 자료형은 정수형과 실수형으로 구분되며 표현 범위에 따라 여러 개의 자료형으로 나뉜다. int 타입의 경우 메모리 크기는 컴파일러에 따라 달라질 수 있으며 Windows 운영체제에서는 4바이트를 사용한다.

구분	자료형	메모리 크기	표현 범위
정수형	char	1바이트	-128 ~ 127
	short	2바이트	-32,768 ~ 32,767
	int	4바이트	-2,417,483,648 ~ 2,147,438,647
	long	4바이트	-2,417,483,648 ~ 2,147,438,647
	long long	8바이트	-9,223,372,036,854,775,808 ~ 9,223,372,036,854,775,807
실수형	float	4바이트	-3.4E38 ~ 3.4E38
	double	8바이트	-1.7E308 ~ 1.7E308
	long double	8바이트 이상	double 이상의 표현 범위

- sizeof 연산자를 사용하면 특정 타입 또는 변수의 메모리 크기(바이트 단위)를 알아낼 수 있다.
  - sizeof(int): 4 반환
  - double a; sizeof(a): 8 반환

- 일반적으로 정숫값 처리를 위해서는 int 타입을 가장 많이 사용하고 실숫값 처리를 위해서는 double 타입을 가장 많이 사용한다.

◀ 문자의 표현 방식 ▶

- 하나의 문자는 대응되는 정숫값으로 저장되는데, 가장 많이 사용되는 대응 방식으로 ASCII 코드가 있다. ASCII 코드는 알파벳, 숫자, 특수기호를 0부터 127까지의 정수로 표현한다.

- 문자 데이터를 저장하기 위해 char 타입의 변수를 사용하면 되지만, int 타입의 변수를 사용하여 문자 데이터를 저장하는 경우가 더 많다. 다만 문자열(문자의 묶음)을 저장할 때는 char 타입을 사용한다.

- 하나의 문자는 ' '내에 표기하면 된다. printf 함수를 통해 문자를 출력하는 경우 서식 문자로 %c를 사용하면 해당 문자가 출력되고 %d를 사용하면 ASCII 코드 정숫값이 출력된다.

```c
#include <stdio.h>

int main(void)
{
    char ch1 = 'A', ch2 = 65;
    int ch3 = 'A', ch4 = 65;

    printf("%c %d \n", ch1, ch1);
    printf("%c %d \n", ch2, ch2);
    printf("%c %d \n", ch3, ch3);
    printf("%c %d \n", ch4, ch4);

    return 0;
}
```

▶ 실행 결과

```
A 65
A 65
A 65
A 65
계속하려면 C
```

- 상수란 변경 불가능한 데이터를 의미하며 지금까지 사용했던 3, 4.5, 'A' 등이 상수에 해당된다.

- 상수도 타입이 있으며 해당 타입에 따른 메모리 공간을 차지힌다.

  - 3:   int
  - 4.5:   double
  - 'A':   int
  - 4.5f: float

- const 상수를 사용하면 보다 직관적인 문자열을 통해 변경 불가능한 데이터의 표현이 가능하다. const 상수는 변수처럼 보이지만 변경이 불가능하다.

```c
#include <stdio.h>

int main(void)
{
    const double PI = 3.14;
    double r = 5;

    printf("넓이 : %f \n", PI * r * r);

    return 0;
}
```

- #define 전처리문을 사용하여 const 문자열 상수와 유사한 기능의 문자열 상수를 만들 수 있다.

```c
#include <stdio.h>

#define PI 3.14

int main(void)
{
    double r = 5;
    printf("넓이 : %f \n", PI * r * r);

    return 0;
}
```

- #define 전처리문은 전처리기에 의해 해당 문자열이 오른쪽에 기술된 내용으로 그대로 대치됨을 의미한다. 즉, 위 프로그램의 경우 PI 대신 3.14라고 입력한 것과 동일하다.
- 프로그램 실행 결과는 const 문자열 상수를 사용할 때와 동일하다.

◀ 자료형 변환 ▶

- 필요한 경우 데이터의 타입 사이에는 자동 형변환이 발생하게 된다.
- 정수와 실수 사이의 자동 형변환의 예
  - double num1 = 3;
  - int num2 = 3.14;   // 소수점 이하 자리는 제외하고 3이 대입됨
- 수식 내에서의 자동 형변환의 예
  - double num1 = 3.14 + 5;   // 5(int)가 5.0(double)d으로 변환되어 계산됨
  - 산술 연산 시 데이터의 손실을 최소화하기 위해 바이트 크기가 큰 자료형으로 변환되어 계산된다. 또한 정수형과 실수형이 함께 사용될 경우에는 실수형으로 변환된다.
- 필요한 경우에는 명시적 형변환을 통해 형변환을 요청할 수 있다. 다음 코드의 경우 3 나누기 2의 결과로 1.5가 출력된다. 그러나 명시적 형변환을 사용하지 않으면 정수 연산 결과로 정숫값인 1이 반환되어 출력되게 된다.

```
#include <stdio.h>

int main(void)
{
    int num1 = 3, num2 = 2;
    double result = (double) num1 / num2;

    printf("나눗셈 결과 : %f \n", result);

    return 0;
}
```

◀ printf 함수의 활용 ▶

- 문자열 상수는 쌍따옴표로 표현되며 printf 함수를 사용하여 문자열을 출력할 때는 서식 문자 %s를 사용한다.
  - printf("%d %s \n", 1234, "C Programming");

- 정수 또는 실숫값 출력 시 필드 폭을 지정하기 위해서는 %d 또는 %f 내에 %8d와 같이 필드폭을 크기를 지정하면 된다.
  - %8d: 필드 폭을 8칸 확보하고 오른쪽 정렬로 출력한다.
  - %-8d: 필드 폭을 8칸 확보하고 왼쪽 정렬로 출력한다.
- 실숫값 출력 시 소수점 이하 표기 자릿수를 셋째 자리까지로 지정하기 위해서는 %.3f와 같이 지정하면 된다. 이때 소수점 넷째 자리에서 반올림하게 된다.

```c
#include <stdio.h>

int main(void)
{
    printf("%f %.4f \n", 12.123456, 12.123456);
    printf("%10f %10.4f \n", 12.123456, 12.123456);
    printf("%-10f %-10.4f \n", 12.123456, 12.123456);

    return 0;
}
```

◀ scanf 함수의 활용 ▶

- 정숫값 입력 시 10진수는 %d, 8진수는 %o, 16진수는 %x의 서식 문자를 사용한다.

```c
#include <stdio.h>

int main(void)
{
    int num1, num2, num3;
    printf("3개의 정수 입력 : ");
    scanf("%d %o %x", &num1, &num2, &num3);

    printf("입력된 정수 10진수 출력 : ");
    printf("%d %d %d \n", num1, num2, num3);

    return 0;
}
```

▶ 실행 결과

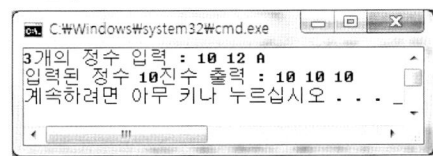

2주차 데이터 저장

2단계 ┃ 이 정도는 눈 감고도 만들 수 있다.

문제 1   정수 표현 이해하기: 다음은 8비트로 정숫값을 표현하기 위한 2의 보수 표현이다.
각각 10진수 값이 무엇인지 설명해 보라.

① 00001111
② 11110001

- 실습 및 프로그래밍 절차
  - 2의 보수 표기법에 대해 학습한다.

문제 2   각종 타입의 바이트 수 알아내기: sizeof 연산자를 사용하여 char, short int, int,
long int, float, double 타입의 바이트 수를 출력해 보라.

- 실습 및 프로그래밍 절차
  - sizeof 연산자의 사용 방법에 대해 학습한다.
  - sizeof 연산자를 사용하여 printf 함수를 사용하여 주어진 타입에 대한 바이트 수를
    출력한다.

문제 3   printf 함수의 활용: 사용자로부터 2개의 실숫값을 입력받고 두 변수의 사칙연산
결과를 다음 출력 예와 같이 출력될 수 있도록 프로그램을 작성해 보라. 입력
값은 0 이상, 10 미만이라 가정하고 두 번째 값은 0이 아니라고 가정한다.

▸ **실행 결과**

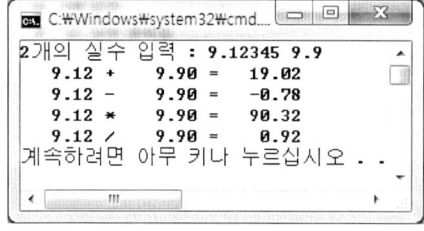

```
C:₩Windows₩system32₩cmd....
2개의 실수 입력 : 9.12345 9.9
   9.12 +    9.90 =   19.02
   9.12 -    9.90 =   -0.78
   9.12 *    9.90 =   90.32
   9.12 /    9.90 =    0.92
계속하려면 아무 키나 누르십시오 . .
```

- 실습 및 프로그래밍 절차
  - 2개의 실숫값을 저장하기 위한 변수를 선언한다.

- 사용자로부터 2개의 실숫값을 입력받는다.
- 사칙연산 결과를 출력하되 출력 예와 같이 출력되도록 서식 문자의 필드 폭 설정 및 실숫값 출력 서식을 지정한다. 즉, 소수점 이하 둘째 자리까지 출력되며 적절한 크기의 필드를 지정해 주어야 한다.

3단계 │ 조금만 생각하면 이 정도는 쉽게 만들 수 있다.

문제 1   실수 표현 이해하기: 다음 10진수 실숫값을 float 타입의 변수로 저장한다면 비트열의 값이 어떻게 되는지 기술해 보라.

    ① -10.6875
    ② 127.625

- 참고 사항
 - float 타입의 값은 1비트의 부호, 8비트의 지수, 23비트의 가수로 표현된다.
- 실습 및 프로그래밍 절차
 - 부호, 지수, 가수로 표현되는 실수의 표기법에 대해 학습한다.

문제 2   정숫값의 사칙연산 결과 구하기: 사용자로부터 정숫값 2개를 입력받고 사칙연산 (+, −, *, /) 결과를 출력하라. 단, 나눗셈 결과가 필요한 경우 실숫값으로 출력될 수 있어야 한다.

- 실습 및 프로그래밍 절차
 - 2개의 정숫값을 저장하기 위한 변수를 선언한다.
 - 사용자로부터 2개의 정숫값을 입력받는다.
 - 사칙연산 결과를 출력한다. 이때 나눗셈의 경우 정숫값이 아닌 실숫값의 결과를 필요로 한다. 따라서 형변환을 통해 실숫값으로 변환한 후 연산이 되어야 한다.

문제 3   대문자, 소문자 변환하기: 사용자로부터 영문 대문자 하나를 입력받은 후 해당 알파벳에 해당하는 소문자를 출력하는 프로그램을 작성해 보라. 아스키 코드 표를 보고 대문자와 소문자 사이의 관계를 먼저 파악한 후 어떻게 변환하면 되는

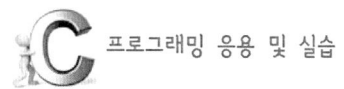

지 생각해 보라.

- 실습 및 프로그래밍 절차
  - 대문자와 소문자 사이의 관계 및 변환 방법에 대해 학습한다.
  - 문자 하나를 저장하기 위한 변수를 선언한다.
  - 사용자로부터 대문자 하나를 입력받는다.
  - 대문자와 소문자 사이의 변환 관계를 사용하여 소문자로 변환한 후 그 결과를 출력한다.

4단계 ┃ 나도 이런 프로그램을 만들 수 있다.

문제 1   지정한 자리까지 구하기: 실숫값 하나(float num)와 정숫값 하나(int pos)를 입력받는다. num 값을 출력하되 소수점 이하 pos 위치까지만 출력한다. 이때 pos 위치의 바로 아래 자리에서 반올림을 해야 한다. 예를 들어, num의 값이 12.3467이고 pos의 값이 2이면 num의 출력값은 12.350000이 된다.

- 참고 사항
  - 단순한 출력일 경우에는 printf("%.2f", num)와 같이 서식 문자를 사용할 수도 있지만 여기서는 반올림한 값 자체를 구해야 함에 주의한다.
  - num의 값이 12.3467이고 pos의 값이 2라고 가정하자. 기본적으로 12.34까지 출력해야 한다. 이는 10^2을 한 결과(1234.67)의 정수 부분임을 알 수 있다. 실숫값의 정수 부분은 int로의 강제 형변환을 통해 쉽게 얻을 수 있다. 문제는 반올림한 결과, 즉 1234.67의 소수점 이하 첫 번째 자리가 5 이상이면 1235가 되어야 하고 이 값이 5 미만이면 그대로 1234가 되어야 한다는 것이다. 이는 0.5를 더해 주면 쉽게 해결이 가능하다. 마지막으로 처음 곱해준 만큼(10^2) 나누어준 결과를 출력하면 된다. 이와 같은 원리를 이용하여 임의의 자리에서 반올림한 결과를 출력해 보라.
  - 10의 2승을 구하기 위해서는 pow(10, 2)와 같이 pow 함수를 사용하면 되며, math.h 파일을 include해야 한다.

- 실습 및 프로그래밍 절차
  - 실숫값과 정숫값을 저장할 변수를 선언한다.

– 사용자로부터 실숫값과 정숫값을 입력받는다.

– 참고 사항의 원리를 활용하여 출력값을 계산한 후 그 결과를 출력한다.

• 실행 예

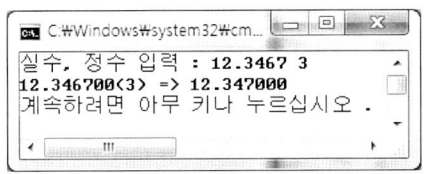

문제 2 변수의 비트열 출력하기: char num; 변수가 있다. 사용자로부터 정숫값 1개를 입력받아 num에 저장하고 num 변수의 값을 출력한 후 num 변수의 비트열을 출력해 보라. char 값에 대한 처리를 완성했다면 int 값에 대해서도 처리해 보라.

• 참고 사항

– char 변수에 문자가 아닌 정숫값으로 입력받기 위해서는 "%hhd" 서식 문자를 사용하면 된다. 단, 입력값으로는 −128 ~ 127 범위의 값 중 하나를 입력해야 한다. char 변수는 8비트로 구성되어 있다. 최상위 비트(제일 왼쪽 자리)의 값이 0인지 1인지를 알기 위해서는 num 값을 오른쪽으로 7자리만큼 shift 연산을 적용한 후 값 1(이진수로는 00000001이 저장되어 있음)과 비트 단위 AND(&) 연산을 적용하면 된다. 이 경우 최상위 비트가 0이었다면 최종값이 0이 되고, 최상위 비트가 1이었다면 최종값이 1이 된다. 이와 같은 원리를 사용하여 각 비트의 값을 출력할 수 있다.

• 실습 및 프로그래밍 절차

– 정숫값을 저장할 변수를 선언한다.

– 사용자로부터 정숫값을 입력받는다.

– 참고 사항의 원리를 활용하여 최상위 비트부터 최하위 비트까지의 값(0 또는 0)을 알아내고 그 값을 차례로 출력한다.

• 실행 예

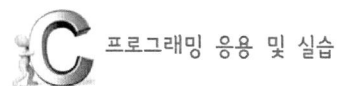
실습 보고서

다음 양식에 따라 각 문제에 대한 실습 결과 보고서를 작성한다.

학과		학번		이름	
학년		작성일시		담당교수	
실습 단계		문제			
문제 분석	무엇을 만들고자 하는지를 파악하고 설명한다.				
학습 내용	실습 과정에서 필요한 기술적 요소에 대해 기술한다.				
알고리즘 기술	프로그램 전체 또는 핵심 부분에 대한 알고리즘을 기술한다. 이때 순서도나 의사 코드를 사용할 수도 있지만 보다 자유로운 형식으로 기술할 수도 있다. 각 문제 별로 제시한 내용을 참고하라.				
프로그램 구현	소스 코드의 분량이 적을 경우에는 소스 코드 전체를 기술한다. 다만 소스 코드의 분량이 많을 경우에는 주요 소스 코드만 첨부하며 전체 소스 코드는 별첨으로 첨부한다.				
실행 결과	실행 결과 화면을 첨부하며 실행 방법 및 실행 결과에 대해 설명한다.				
종합 분석	본 실습을 통해 습득한 능력 및 느낀 점을 기술한다.				

제어문

학습 내용 반복문, 조건문

학습 목표
- 반복문의 필요성에 대해 이해한다.
- while 문의 구문을 이해하고 활용할 수 있다.
- do ~ while 문의 구문을 이해하고 활용할 수 있다.
- for 문의 구문을 이해하고 활용할 수 있다.
- 조건문의 필요성에 대해 이해한다.
- if 문의 구문을 이해하고 활용할 수 있다.
- switch 문의 구문을 이해하고 활용할 수 있다.
- continue 문과 break 문을 활용할 수 있다.

1단계 ┃ 이 정도는 눈 감고도 설명할 수 있다.

◀ 반복문의 필요성 ▶

- 반복문이 필요한 문제의 예
  - 1부터 1000까지의 자연수를 출력하라.
  - 1부터 1000까지의 자연수를 합산한 결과를 출력하라.
  - 사용자가 0을 입력할 때까지 입력된 모든 정수를 합산한 결과를 출력하라.
- 특정 조건이 만족하는 동안 반복적으로 실행해야 되는 코드를 반복문을 사용하여 하나의 블록으로 묶을 수 있다.
- 반복문의 종류: while 문, do ~ while 문, for 문
- 반복문을 사용하지 않을 때와 반복문을 사용할 때의 코드를 비교해 보자.

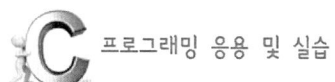

예제 1부터 1000까지의 자연수를 출력하라.

반복문 미사용 시	반복문 사용 시

``c
#include <stdio.h>
 	
int main(void)
{
    int num = 1;
    printf("num = %d \n", num);
    num = 2;
    printf("num = %d \n", num);
    num = 3;
    printf("num = %d \n", num);
    num = 4;
    printf("num = %d \n", num);
    ......
    num = 1000;
    printf("num = %d \n", num);
 	
    return 0;
}
``
	``c
	#include <stdio.h>
	
	int main(void)
	{
	    int num = 1;
	
	    while (num <= 1000)
	    {
	        printf("num = %d \n", num);
	        num = num + 1;
	    }
	
	    return 0;
	}
	``

◀ while 문 ▶

예제 1부터 1000까지의 자연수를 합산한 결과를 출력하라.

```c
#include <stdio.h>

int main(void)
{
    int result = 0;
    int num = 1;

    while (num <= 1000)
    {
        result += num;
        num++;
    }

    printf("합산 결과 : %d \n", result);

    return 0;
}
```

- while 문의 소괄호 안의 평가값이 참인 동안 while 문 블록(⎰⎱) 내의 문장들을 반복적으로 실행한다.

- while 문 블록 내에 실행해야 할 문장이 1개 이하라면 중괄호(⎰⎱)를 생략할 수 있다.

◀ do ~ while 문 ▶

예제   1부터 1000까지의 자연수를 합산한 결과를 출력하라.

- while 문에서의 예제와 동일하다. 단, num 변수의 초기값과 do ~ while 문 내의 문장들의 실행 순서에 차이가 있다.

```c
#include <stdio.h>

int main(void)
{
    int result = 0;
    int num = 0;

    do
    {
        num++;
        result += num;
    } while (num <= 1000)

    printf("합산 결과 : %d \n", result);

    return 0;
}
```

- while 문과 마찬가지로 소괄호 안의 평가값이 참인 동안 블록(⎰⎱) 내의 문장들을 반복적으로 실행한다. 단, while 문이 뒤에 나오므로 최소 한 번은 블록 내의 문장들이 실행된다.

◀ for 문 ▶

예제   1부터 1000까지의 자연수를 합산한 결과를 출력하라.

- while 문 및 do ~ while 문에서의 예제와 동일하다. 단, num 변수의 초기화 문장과 num 변수의 증가문이 for 문 내에 포함되어 있다.

```
#include <stdio.h>

int main(void)
{
    int result = 0;

    for (int num = 1; num <= 1000; num++)
    {
        result += num;
    }

    printf("합산 결과 : %d \n", result);

    return 0;
}
```

- for 문은 초기식, 조건식, 증감식으로 구성된다. 먼저 초기식이 실행되고 조건식을 실행하여 이 값이 참이면 블록 내의 문장들을 실행한다. 다음으로 증감식이 실행된 후 다시 조건식이 실행된다. 이후로는 조건식의 값이 참인 동안 코드 블록, 증감식, 조건식이 반복적으로 실행된다.

- while 문, do ~ while 문, for 문 중 하나만 사용하더라도 동일한 기능을 구현할 수 있다. 그러나 문제에 따라 적합한 반복문을 선택하면 보다 효율적인 프로그래밍이 가능하다.
  - 시작값과 마지막값을 기준으로 일정 간격의 값에 대한 반복적인 처리(예, 1부터 1000까지 더하라): for 문
  - 특정 조건을 만족하는 동안 특정 코드의 반복적인 처리(예, 사용자가 양수를 입력하는 동안 모든 입력값을 더하라): while 문 또는 do ~ while 문

◀ 조건문의 필요성 ▶

- 조건문이 필요한 문제의 예
  - 사용자가 입력한 정수가 0보다 크면 "양수"를 출력, 0이면 "0"을 출력, 0보다 작으면 "음수"를 출력하라.
  - 1부터 1000까지의 자연수들 중 3의 배수 또는 5의 배수의 합을 구하라.

- 특정 조건에 따라 수행되어야 할 코드를 조건문을 사용하여 하나의 블록으로 묶을 수 있다.

• 조건문의 종류: if 문, switch 문

❰ if 문 ❱

[예제 1] 사용자가 입력한 정수가 0보다 크면 "양수"를 출력하라.

```
#include <stdio.h>

int main(void)
{
    int num;

    printf("정수 입력 : ");
    scanf("%d", &num);

    if (num > 0)
    {
        printf("양수");
    }

    return 0;
}
```

 - if 문의 소괄호 안의 평가값이 참이면 if 블록(⑴) 내의 문장들이 실행된다. if 블록의 문장이 1개 이하일 경우에는 중괄호를 생략할 수 있다.

[예제 2] 사용자가 입력한 정수가 0보다 크면 "양수"를 출력, 0이면 "0"을 출력, 0보다 작으면 "음수"를 출력하라.

if ~ else	if ~ else if ~ else

`#include <stdio.h>`
 	
`int main(void)`
`{`
`    int num;`
 	
`    printf("정수 입력 : ");`
`    scanf("%d", &num);`
	`#include <stdio.h>`
	
	`int main(void)`
	`{`
	`    int num;`
	
	`    printf("정수 입력 : ");`
	`    scanf("%d", &num);`

<table>
<tr><td>

```
    if (num > 0)
    {
        printf("양수");
    }
    else
    {
        if (num == 0)
            printf("0");
        else
            printf("음수");
    }

    return 0;
}
```

</td><td>

```
    if (num > 0)
    {
        printf("양수");
    }
    else if (num == 0)
    {
        printf("0");
    }
    else
    {
        printf("음수");
    }

    return 0;
}
```

</td></tr>
</table>

– if 문의 조건이 거짓일 경우에는 else 블록의 문장들이 실행된다. else 문 이후에 코드 블록({}) 또는 실행해야 할 하나의 문장이 올 수 있는데, if 문 또한 하나의 문장임을 감안하면 if ~ else if ~ else if ~ ... ~ else 문과 같은 코드가 올 수 있음을 알 수 있다. 이때 마지막 else 문은 생략이 가능하다.

◀ switch 문 ▶

예제 사용자가 입력한 값이 -1이면 "음수", 0이면 "0", 1이면 "양수"를 출력하라. 이외의 입력에 대해서는 "입력 오류"를 출력한다.

switch 문	if 문

`#include <stdio.h>`
 	
`int main(void)`
`{`
`    int num;`
 	
`    printf("정수 입력 : ");`
`    scanf("%d", &num);`
 	
`    switch (num)`
`    {`
`        case -1:`
	`#include <stdio.h>`
	
	`int main(void)`
	`{`
	`    int num;`
	
	`    printf("정수 입력 : ");`
	`    scanf("%d", &num);`
	
	`    if (num == -1)`
	`        printf("양수");`
	`    else if (num == 0)`

```
            printf("음수");                          printf("0");
            break;                              else if (num == 1)
        case 0:                                     printf("음수");
            printf("0");                        else
            break;                                  printf("입력 오류");
        case 1:
            printf("양수");                          return 0;
            break;                          }
        default:
            printf("입력 오류");
            break;
    }

    return 0;
}
```

- switch 문의 조건식에는 정수형에 해당하는 변수가 올 수 있다. case 문들 중 변수의 값과 동일한 값을 가진 case 문의 문장들이 실행된다. 만약 해당되는 case 문이 존재 하지 않을 경우 default 문의 문장들이 실행된다. 단, default 문은 생략이 가능하다.

- 각 case 문 내의 마지막 문장으로는 break 문이 올 수 있다. 이 경우 해당 case 문 내의 문장들을 실행한 후 switch 문을 빠져나오게 된다. 만약 break 문이 생략되는 경우 해당 case 문이 실행된 후에 다음 case 문에 대한 상등 조건을 계속해서 검사 하게 된다.

• switch 문은 if 문의 부분집합으로서 상등(==) 조건에 해당하는 조건 검사 및 이에 따 른 문장들의 실행이 가능하다.

◀ continue 문과 break 문 ▶

• continue 문과 break 문은 반복문 내에서 사용될 수 있다.

예제 1 1부터 1000까지의 값 중 15의 배수와 25의 배수를 제외한 값들의 합을 구하라.

```
#include <stdio.h>

int main(void)
{
    int reuslt = 0;

    for (int i = 1; i <= 1000; i++)
    {
        if (i % 15 == 0 || i % 25 == 0)
            continue;
        result += i;
    }

    printf("합계 : %d \n", result);

    return 0;
}
```

- continue 문이 실행되면 해당 반복문 내의 이후의 문장이 실행되지 않으며 바로 반복문의 시작 위치로 이동하게 된다. 예를 들어, for 문의 경우 continue 문이 실행되면 for 문의 증감문이 실행된다.

예제 2 1부터 1000까지의 값 중 15의 배수이면서 25의 배수인 값 중 첫 번째 값까지의 합을 구하라.

```
#include <stdio.h>

int main(void)
{
    int reuslt = 0;

    for (int i = 1; i <= 1000; i++)
    {
        result += i;
        if (i % 15 == 0 && i % 25 == 0)
            break;
    }

    printf("합계 : %d \n", result);

    return 0;
}
```

- 반복문 내에서 break 문이 실행되면 해당 반복문을 탈출하여 반복문 다음 문장으로 넘어가게 된다.
- 중첩 반복문(반복문 내에 반복문이 오는 경우)을 사용하는 경우 break 문은 자신을 포함하고 있는 가장 가까운 반복문을 탈출하게 된다.

2단계 ┃ 이 정도는 눈 감고도 만들 수 있다.

문제 1 일정 구간의 정숫값 합산하기: 사용자로부터 정숫값 2개를 입력받아 첫 번째 숫자부터 두 번째 숫자까지의 정수들 중 홀수를 모두 합산한 결과를 출력하라.

- 참고 사항
  - 사용자 입력값 중 첫 번째 숫자가 두 번째 숫자보자 클 수 있음에 주의하라.
- 실습 및 프로그래밍 절차
  - 사용자로부터 정숫값 2개를 입력받는다.
  - 첫 번째 숫자부터 두 번째 숫자까지의 정수들 중 홀수인 값들만 합산한 결과를 출력한다. 이때 첫 번째 숫자가 두 번째 숫자보다 작을 수도 있고 클 수도 있으므로 이에 관한 처리가 필요하다.

문제 2 사용자가 입력한 자연수 합산하기: 사용자로부터 0 이하의 값이 입력될 때까지 자연수를 연속적으로 입력받아 모두 합산한 결과를 출력하는 프로그램을 작성하라. 마지막으로 입력된 0 이하의 값은 합산 결과에서 제외한다.

- 실습 및 프로그래밍 절차
  - 사용자로부터 정수를 입력받는다.
  - 입력값이 0 이하인 경우 반복문을 탈출한다. 0을 초과한 자연수인 경우에는 이 값을 합산하고 또 다시 사용자로부터 정수를 입력받는 과정부터 반복 수행한다.

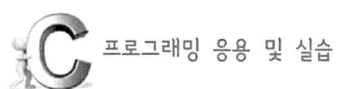

3단계 | 조금만 생각하면 이 정도는 쉽게 만들 수 있다.

문제 1 사용자가 원하는 단의 구구단 출력하기: 사용자로부터 2개의 값을 입력받고 입력받은 값 구간에 있는 모든 단들을 출력한다. 단, 2~9의 값이 아닌 값이 입력되면 프로그램이 종료되도록 하라.

• 참고 사항
  - 첫 번째 입력된 단부터 두 번째 입력된 단까지 출력한다.

입력 1	입력 2	출력
3	6	3단, 4단, 5단, 6단
5	2	5단, 4단, 3단, 2단
3	3	3단
2	0	프로그램 종료

• 실습 및 프로그래밍 절차
  - 사용자로부터 출력을 원하는 단의 범위를 입력받는다.
  - 입력값이 2~9 사이의 값이라면 해당 단에 대한 구구단을 출력하고 사용자 입력부터 다시 반복 수행한다. 입력값이 2~9 사이의 값이 아니라면 반복문을 탈출하여 프로그램을 종료한다.

문제 2 자판기 프로그램 만들기: 다음 메뉴에 해당하는 제품을 판매하는 자판기가 있다. 다음의 자판기 사용 과정에 따라 자판기가 동작할 수 있도록 자판기 프로그램을 구현하라.

제품 명칭	금액
커피	200원
우유	400원
과자	500원
김밥	600원

- 참고 사항
  - 자판기 사용 과정
    ▹ 사용자의 금액을 입력받는다.
    ▹ 메뉴를 보여주고 물품을 선택할 수 있도록 한다.
    ▹ 해당 물품의 구매가 가능하다면(잔액이 해당 금액 이상인 경우) 잔액에서 해당 금액 만큼 차감된다. 즉, 잔액보다 높은 금액의 제품을 구매할 수 없다.
    ▹ "종료" 메뉴를 선택하거나 잔액이 제품 중 최저 가격보다 낮을 경우 잔액을 거스름돈 형태로 내보낸다.

- 실습 및 프로그래밍 절차
  - 사용자로부터 금액을 입력받는다.
  - 메뉴는 커피, 우유, 과자, 김밥, 종료가 된다. 단, 현재 금액에 따라 구매가 불가능한 제품이 있으므로 이에 대해 어떻게 처리할 것인지 고려해야 한다.
  - 제품을 선택하였다면 그리고 구매가 가능하다면 현재 잔액에서 차감한 금액을 보여준 후 메뉴 선택부터 다시 실행한다.
  - 잔액이 제품 중 최소 가격보다 적거나 종료 메뉴를 선택한 경우 지금까지의 구매 물품을 보여주고 거스름돈을 출력한다.

- 실행 예

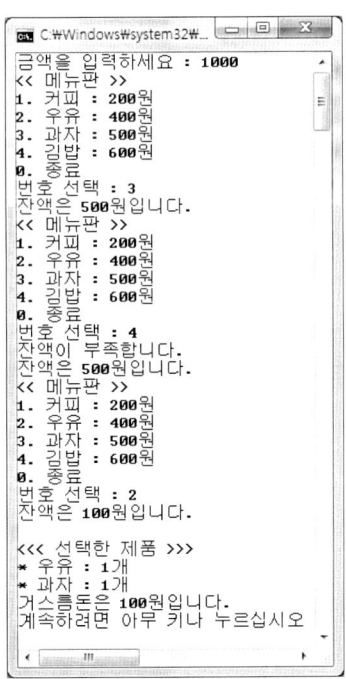

[문제 3] 입력한 연산자에 대한 사칙연산 결과 구하기: 사용자로부터 피연산자 2개와 연산자 하나를 입력받아 해당 연산자에 따른 계산 결과를 출력하는 프로그램을 작성하라. 단, 연산자는 +, -, *, / 중 하나이며 이외의 연산자 또는 기호에 대해서는 "입력 실패"라는 문자열을 출력하고 종료한다.

- 실습 및 프로그래밍 절차
  - 사용자로부터 피연산자와 연산자를 입력받는다.
  - 지정된 사칙연산자 이외에 연산자가 입력되면 "입력 실패"라는 문자열을 출력하고 종료한다. 사칙연산자 중 하나라면 해당 연산 결과를 출력한다.

- 실행 예

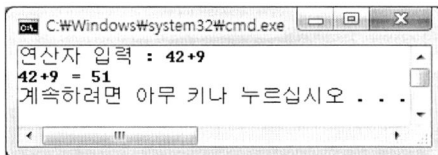 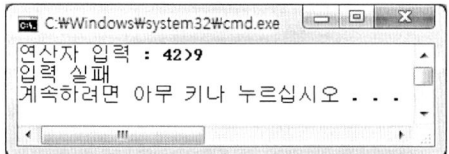

4단계 ｜ 나도 이런 프로그램을 만들 수 있다.

[문제 1] 삼각형 모양 출력하기: 사용자로부터 정수 하나를 입력받아 다음 실행 예와 같은 도형을 출력하는 프로그램을 작성하라. 첫 번째 줄에는 '*' 문자가 1개, 두 번째 줄에는 '*' 문자가 2개, 세 번째 줄에는 '*' 문자가 3개, 이와 같이 매 줄마다 하나씩 늘어가면서 '*' 문자가 출력된다. 단, '*' 문자가 출력되기 전에 공백 문자(들)이 먼저 출력된다.

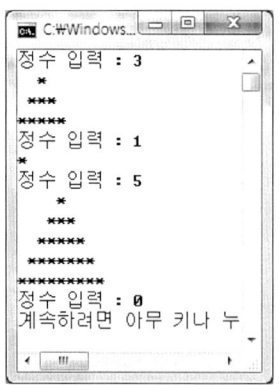

- 실습 및 프로그래밍 절차

  - 사용자로부터 1개의 정숫값을 입력받고, 이 값이 0 이하인 경우 프로그램은 종료한다.

  - 반복문을 사용하여 입력값 만큼 반복하여 각 라인을 출력한다.

    ▹ 각 라인 또한 반복문을 사용하여 공백 문자를 먼저 출력하고, 또 다시 반복문을 사용하여 '*' 문자를 출력한다.

[문제 2] 다이아몬드 모양 출력하기: 사용자로부터 정수 하나를 입력받아 실행 예와 같은 도형을 출력하는 프로그램을 작성하라. 가운데 다이아몬드 모양이 있고 그 외의 칸에는 'X' 문자가 출력되어야 한다. 이때 가로와 세로의 모양이 같다. 입력값이 짝수일 경우에는 1을 빼서 홀수로 만든 후 도형을 출력하면 된다. 입력값이 0 이하인 경우 프로그램은 종료된다.

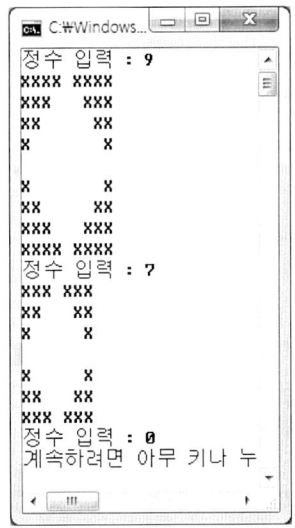

- 참고 사항

  - 입력값이 9인 경우, 첫 번째 라인에는 4개의 'X' 다음에 공백 그 다음에 다시 4개의 'X'가 출력된다. 두 번째 라인에는 3개의 'X' 다음에 공백이 3개가 출력된 후 그 다음에 다시 3개의 'X'가 온다. 세 번째 라인에는 2개의 'X'로부터 시작하고 네 번째 라인에는 1개의 'X'로 시작한다.

  - 공백 줄이 온 다음에는 이상의 내용이 반대로 출력된다.

- 실습 및 프로그래밍 절차

  - 반복문을 사용하여 'X' 문자를 어떻게 출력할 것인지 문제를 분석한다.

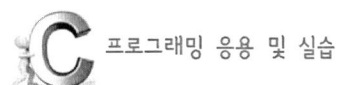

– 사용자로부터 1개의 정숫값을 입력받고, 이 값이 0 이하인 경우 프로그램은 종료한다.

  ▸ 입력값이 짝수인 경우 1을 빼서 홀수로 만든다.

  ▸ 참고 사항 및 문제 분석 내용을 토대로 반복문을 사용하여 주어진 패턴의 모양을 출력한다.

문제 3　　float 변수 비트열 출력하기: 사용자로부터 float 타입의 실숫값 1개를 입력받아 해당 변수의 값과 비트열을 출력해 보라. 사용자로부터 계속 수행할 것인지를 물어보고 계속 수행을 선택하면 다시 사용자 입력에 따른 값과 비트열을 출력해 보라.

• 참고 사항

– 이 문제를 푸는 원리는 2주차의 4단계 문제2에서 이미 제시하였다. 다만 여기서는 반복문을 사용하면 보다 간결하게 프로그램을 작성할 수 있다.

• 실습 및 프로그래밍 절차

– 사용자로부터 실숫값 1개를 입력받는다.

– 해당 입력값을 출력하고 참고 사항의 원리에 따라 비트열을 함께 출력한다.

– 사용자에게 계속 수행할 것인지를 물어보고, 계속 수행한다면 첫 번째 단계부터 다시 수행하고 그렇지 않다면 프로그램을 종료한다.

실습 보고서

다음 양식에 따라 각 문제에 대한 실습 결과 보고서를 작성한다.

학과		학번		이름	
학년		작성일시		담당교수	
실습 단계		문제			
문제 분석	무엇을 만들고자 하는지를 파악하고 설명한다.				
학습 내용	실습 과정에서 필요한 기술적 요소에 대해 기술한다.				
알고리즘 기술	프로그램 전체 또는 핵심 부분에 대한 알고리즘을 기술한다. 이때 순서도나 의사 코드를 사용할 수도 있지만 보다 자유로운 형식으로 기술할 수도 있다. 각 문제 별로 제시한 내용을 참고하라.				
프로그램 구현	소스 코드의 분량이 적을 경우에는 소스 코드 전체를 기술한다. 다만 소스 코드의 분량이 많을 경우에는 주요 소스 코드만 첨부하며 전체 소스 코드는 별첨으로 첨부한다.				
실행 결과	실행 결과 화면을 첨부하며 실행 방법 및 실행 결과에 대해 설명한다.				
종합 분석	본 실습을 통해 습득한 능력 및 느낀 점을 기술한다.				

함수

학습 내용 함수의 작성 및 활용

학습 목표
- 함수의 필요성에 대해 이해한다.
- 함수를 만들고 사용할 수 있다.
- void에 대해 이해하고 사용할 수 있다.
- 매개변수 전달 방식 중 "값에 의한 전달"에 대해 이해하고 활용할 수 있다.
- 지역 변수와 전역 변수에 대해 이해하고 활용할 수 있다.
- static 지역 변수를 선언하고 사용할 수 있다.
- 재귀 함수에 대해 이해하고 재귀 함수를 만들어 사용할 수 있다.
- C 표준 라이브러리 함수들 중 rand 함수의 사용 방법에 대해 이해한다.

1단계 | 이 정도는 눈 감고도 설명할 수 있다.

◀ 함수의 필요성 ▶

- m의 n승을 구하는 기능이 필요한 경우
  - 함수로 만들어 놓지 않는 경우, 이 기능이 필요할 때마다 관련 코드를 작성해야 된다.
  - 함수로 만들어 놓은 경우, "Call m의 n승"과 같이 해당 함수를 호출하면 된다.

- C 언어는 최소한 main 함수를 포함해야 하며, main 함수 하나만으로도 C 언어로 작성 가능한 모든 프로그램의 작성이 가능하다. 그러나, 프로그램의 가독성이 떨어져 이해하기 어려워지며 결국 유지 보수 비용이 늘어나게 된다. main 함수 하나에 몇 만 줄이나 되는 코드가 들어있다고 생각해 보라.

- 필요한 기능들을 함수 단위로 만들어 사용하면 가독성이 향상되므로 유지 보수 및 확장이 쉬워진다.

◀ 함수의 기초 ▶

예제 int 타입의 값 2개를 전달 받아 합산한 결과를 반환하는 함수 Sum을 만들고 사
용해 보라.

```c
#include <stdio.h>

int Sum(int num1, int num2)
{
    int num3 = num1 + num2;
    return num3;
}

int main(void)
{
    int n1 = 3, n2 = 4;
    int num = Sum(n1, n2);

    printf("3 + 4 = %d \n", num);
    printf("100 + 200 = %d \n", Sum(100, 200));
}
```

• 함수의 구성 요소

```
int Sum(int num1, int num2)
③   ①          ②
{
    int num3 = num1 + num2;
    return num3;
}                  ④
```

- ① 함수의 이름: Sum
- ② 형식매개변수(전달되는 값을 저장할 변수): int num1, int num2
  ▹ 1개 또는 2개 이상일 수도 있으며 없을 수도 있다.
- ③ 반환 타입: int → int 값이 반환되어야 함: return num3
  ▹ 반환값의 개수 1개이거나 없을 수도 있다.
- ④ 함수의 내용: 형식매개변수로 전달된 2개의 int 값을 더해서 반환한다.
- 함수 호출: Sum(3, 4) → 결과로 7이 반환된다.

- 함수 선언과 함수 정의
  - 함수를 사용하려면, 즉, 함수를 호출하려면 함수에 대한 기본 정보가 그 전에 기술되어 있어야 한다.
  - 함수에 대한 기본 정보란 함수명, 형식매개변수의 타입, 반환 타입을 의미한다.
  - 함수 선언(= 함수 프로토타입): int Sum(int, int);
    ▹ 형식매개변수의 이름은 기술해도 되나 반드시 필요한 것은 아니다.
    ▹ 함수 선언은 함수 자체가 아니므로 두 번 이상 기술되어도 된다.
  - 함수 정의: 함수 자체를 의미한다. 함수 자체는 함수에 대한 모든 정보를 포함하고 있으므로 함수 선언 또한 포함하고 있다. 따라서 함수 호출 이전에 함수 정의가 기술되어 있어도 된다. 함수 정의는 프로그램 내에 반드시 한 번만 기술되어야 한다.
  - 함수 선언 및 사용에 대한 구체적인 형태는 다음 그림과 같다.

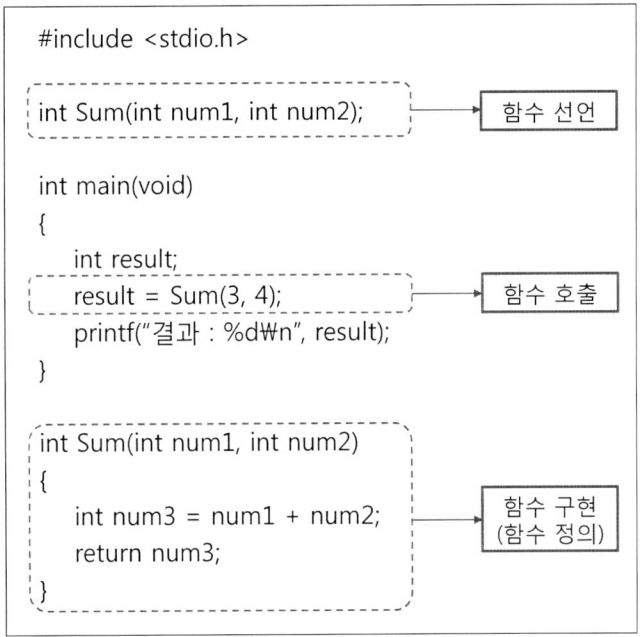

◖ void 타입 ◗

- 함수의 구성 요소에서 설명한 바와 같이 함수 호출 시 전달되는 값의 개수는 없을 수도 있다. 마찬가지로 반환값 또한 없을 수도 있다.

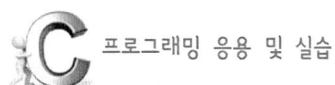

> **예제**　　프로그램의 메뉴를 출력하는 함수 PrintMenu를 만든다.

- PrintMenu 함수로는 값이 전달되지 않는다. 따라서 형식매개변수 자리에는 void가 온다. 또한 PrintMenu 함수로부터 반환되는 값은 없다. 따라서 반환 타입으로 void가 온다.

```c
#include <stdio.h>

void PrintMenu(void)
{
    printf("***************\n");
    printf("*   1. 출력   *\n");
    printf("*   2. 추가   *\n");
    printf("*   3. 삭제   *\n");
    printf("*   0. 종료   *\n");
    printf("***************\n");
    printf(">>> 입력 : ");
}

int main(void)
{
    int input;

    while (1)
    {
        PrintMenu();
        scanf("%d", &input);
        if (input == 0)
            break;
    }
}
```

- 값을 반환하지 않는 경우 return 문장을 생략할 수 있으며, 이 경우 함수의 마지막까지 실행한 후 자동으로 호출한 곳으로 복귀한다. 단, 함수의 마지막이 아닌 위치에서 호출한 곳을 복귀하고자 하는 경우에는 return; 과 같이 반환값이 없이 return 문장을 사용하면 된다.

◀ 매개 변수 전달 방식 – 값에 의한 전달 ▶

- C 언어에서 매개 변수를 전달하는 기본 방식은 "값에 의한 전달"이다. Sum 함수의 예에서와 같이 변수 n1의 값이 변수 num1로 전달되고, 변수 n2의 값이 변수 num2로 전달된다. 따라서 Sum 함수 내에서 num1과 num2의 값이 변경된다 하더라도 n1과 n2의

값은 변경되지 않는다.

Sum(n1, n2)

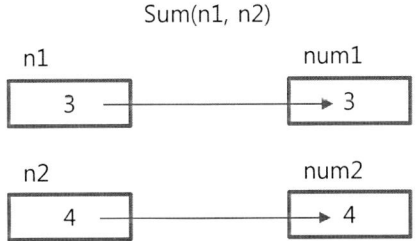

- 다음 프로그램의 실행 결과는 어떻게 될까?

```c
#include <stdio.h>

void Swap(int num1, int num2)
{
    int temp = num1;
    num1 = num2;
    num2 = temp;
}

int main(void)
{
    int n1 = 3, n2 = 4;
    Swap(n1, n2);

    printf("n1 = %d \n", n1);
    printf("n2 = %d \n", n2);
}
```

- Swap 함수 내에서 num1과 num2의 값은 서로 교환되지만 그렇다고 main 함수에 있
  는 n1과 n2의 값이 교환되지는 않는다. 왜? 매개 변수 전달 방식이 "값에 의한 전달"
  이기 때문이다.
- 그렇다면 Swap 함수 내의 변수값들을 교환함으로써 main 함수의 변수값들도 서로
  교환되도록 하려면 어떻게 해야 할까? 이에 대해서는 추후 포인터에 대해 학습한 후
  에 살펴보도록 하자.

◀ 지역 변수와 전역 변수 ▶

- 지역 변수는 해당 지역 내에서만 사용할 수 있는 변수로 특정 지역 내에서 선언된다.
  - 지역이란 하나의 코드 블록을 의미하는데, 함수, 반복문, 조건문 등이 모두 지역이

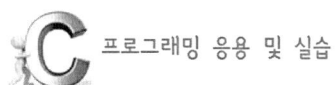

될 수 있으며, 임의의 블록(())을 사용함으로써 하나의 지역을 만들 수도 있다.

- 지역 변수는 해당 지역이 실행될 때 메모리에 생긴 후 해당 지역이 종료될 때 함께 사라지게 된다.

- 지역 변수 선언 시 초기화하지 않으면 쓰레기값으로 초기화된다.

- 형식매개변수 또한 지역 변수의 일종이다.

• 전역 변수는 함수 외부에서 선언되는 변수로 프로그램 전체에서 사용이 가능하다.

- 전역 변수는 프로그램이 시작되면서 메모리에 생긴 후 프로그램이 종료될 때 사라지게 된다.

- 전역 변수 선언 시 초기화하지 않으면 자동으로 0으로 초기화된다.

> **예제** Sum 함수의 호출 횟수를 기록해 보자. 단, Sum 함수는 여러 함수에서 호출이 가능하다고 가정하자(예제 자체는 main 함수에서만 호출되고 있다).

```c
#include <stdio.h>

int count = 0

int Sum(int num1, int num2)
{
    count++;
    int num3 = num1 + num2;
    return num3;
}

int main(void)
{
    for (int i = 0; i < 10; i++)
        Sum(i, i);
    printf("Sum 함수 호출 횟수 : %d \n", count);
}
```

- main 함수의 int i는 for 문 지역에 포함된 지역 변수이고, Sum 함수의 int num1, int num2, int num3은 모두 Sum 함수 지역에 포함된 지역 변수이다.

- count라는 전역 변수가 선언되어 있으며, 이 값은 Sum 함수 내에서 1 증가하게 된다. 즉, Sum 함수가 호출될 때마가 1씩 증가하는 것이다.

- count 전역 변수는 Sum 함수에서도 사용이 가능하고 main 함수에서도 사용이 가능

하다.

- 이와 같이 데이터를 공유하고자 할 때 전역 변수를 사용할 수 있다. 다만 전역 변수를 사용하면 프로그래밍이 편리해지는 반면에 가독성이 떨어지게 된다. 따라서 가급적 전역 변수의 사용을 자제하고 매개변수를 통해 데이터를 전달하는 것이 보다 바람직하다.

◀ static 지역 변수 ▶

• 지역 변수 선언 시 static 키워드를 추가하면 static 지역 변수가 된다.

- static 지역 변수는 전역 변수와 마찬가지로 프로그램 시작 시에 메모리에 생긴 후 프로그램 종료 시 사라지게 된다.

- 그러나, static 지역 변수는 일반 지역 변수와 마찬가지로 해당 지역 내에서만 사용이 가능하다.

- static 지역 변수 선언 시 초기화 구문을 사용하지 않으면 자동으로 0으로 초기화된다. 단, 초기화 구문의 유무에 관계없이 static 지역 변수 선언 문장이 처음 실행될 때만 초기화 과정이 실행되며 두 번째 이후로는 초기화 과정은 실행되지 않는다.

> **예제** Sum 함수의 실행 횟수를 저장하는 count 변수는 Sum 함수의 지역 변수로 선언하였다.

```c
#include <stdio.h>

int Sum(int num1, int num2)
{
    static int count = 0;
    count++;
    printf("Sum 함수 호출 횟수 : %d \n", count);

    int num3 = num1 + num2;
    return num3;
}

int main(void)
{
    for (int i = 0; i < 10; i++)
        Sum(i, i);
}
```

- count 변수에 대한 0으로의 초기화는 첫 번째 Sum 함수 호출 시에만 실행되고 두 번째 이후부터는 초기화 문장이 실행되지 않는다.
- 물론 이 경우 Sum 함수 이외의 함수에서는 count 변수에 대한 접근이 불가능하다.

◀ 재귀 함수 ▶

- 재귀 호출이란 어떤 함수가 다시 자신을 호출하는 것을 의미하며, 이와 같은 형태의 함수를 재귀 함수라 한다.
  - 보통 해당 문제의 일부분이 원문제와 동일한 형태가 될 때 재귀 함수로 작성이 가능하다.
  - 재귀 함수를 사용할 때는 무한 호출이 발생하지 않도록 문제에 맞는 탈출 조건을 명확히 기술해야 한다.

예제 n!(n 팩토리얼)을 계산하여 반환하는 함수 Fact를 작성하라.

- n! = n × (n -1)!

재귀 함수	일반 함수
| ```c
#include <stdio.h>

int Fact(int n)
{
    if (n == 0)
        return 1;
    else
        return n * Fact(n - 1);
}

int main(void)
{
    printf("5! = %d \n", Fact(5));
}
``` | ```c
#include <stdio.h>

int Fact(int n)
{
    int result = 1;

    for (int i = n; i > 0; I--)
        result *= i;

    return result;
}

int main(void)
{
    printf("5! = %d \n", Fact(5));
}
``` |

```c
#include <stdio.h>

int Fact(int n)
{
    if (n == 0)
        return 1;
    else
        return n * Fact(n - 1);
}

int main(void)
{
    printf("5! = %d \n", Fact(5));
}
```

```c
#include <stdio.h>

int Fact(int n)
{
    int result = 1;

    for (int i = n; i > 0; I--)
        result *= i;

    return result;
}

int main(void)
{
    printf("5! = %d \n", Fact(5));
}
```

- n의 값이 0인 경우 1을 반환하면 되고, 이외의 경우에는 n * Fact(n - 1)을 반환하면 된다. 이 과정에서 재귀 호출이 발생하고 있다.

- Fact 함수의 경우 for 문을 통해 매우 쉽게 구현이 가능하다. 재귀 함수는 가독성을 저해하는 요소 중의 하나이므로 가능하다면 재귀 함수를 사용하지 않는 것이 바람직 하다. 그러나 하노이 타워, 프랙털 도형 등의 응용에 있어서는 재귀 함수를 사용하면 매우 효율적인 프로그래밍이 가능해진다.

◀ rand 함수의 사용 방법 ▶

- C 표준 라이브러리에는 유용한 함수들이 준비되어 있다. 예를 들면, printf, scanf 함수 또한 C 표준 라이브러리 중 하나이다.

- rand 함수는 난수를 발생시키는 함수로 게임 등 무작위적인 행동을 필요로 하는 기능 을 구현하는 데 필수적인 함수이다.

예제　1부터 10까지의 정수 중 무작위 값을 총 10개를 생성 및 출력하고 모두 합산한 결과를 출력하라.

```
#include <stdio.h>
#include <stdlib.h>
#include <time.h>

int main(void)
{
    srand(time(NULL));
    int result = 0;

    for (int i = 0; i < 10; i++)
    {
        int num = rand() % 10 + 1;
        printf("%d ", num);
        result += num;
    }

    printf("\n합계 : %d \n", result);
}
```

- srand 함수는 난수 발생기를 초기화하는 함수이다. srand 함수로 전달되는 값이 동일하면 발생되는 난수의 순서 또한 동일하다. 따라서 실행 시마다 다른 값이 전달될 수 있도록 시스템 시간을 반환하는 time 함수를 사용하였다.

- srand, rand 함수는 stdlib.h 파일에 포함되어 있고, time 함수는 time.h 파일에 포함되어 있다.

- rand 함수를 실행하면 난수 1개가 반환되는데, 그 값은 0과 RAND_MAX(32767) 사이의 값이다. RAND_MAX는 #define 전처리 문에 의해 미리 정의되어 있다. 따라서 1과 10 사이의 난수값을 얻기 위해서는 (rand() % 10 + 1)의 수식을 사용하면 된다.

- 참고로 0 이상 1 이하의 무작위 실숫값을 생성하고자 한다면 (rand() / (double) RAND_MAX)와 같은 수식을 사용하면 된다.

2단계 ┃ 이 정도는 눈 감고도 만들 수 있다.

문제 1 m의 n승 구하기: 2개의 매개변수(int m, int n)를 전달받아 m의 n승을 계산하여 반환하는 함수 Power를 만들고 main 함수를 통해 Power 함수를 사용해 보라.

- 참고 사항

  - m과 n은 음수, 0, 양수 모두 가능하므로 이에 대한 처리가 필요하다.

- 실습 및 프로그래밍 절차

  - Power 함수를 만든다.

    ▹ Power 함수는 int 값 2개를 매개변수로 전달받고 int 값을 반환한다.

    ▹ for 문을 사용하여 m의 n승을 구할 수 있다.

  - main 함수를 만든다.

    ▹ Power 함수를 호출한 결과값을 변수에 저장하여 출력할 수도 있고, Power 함수 호출문을 출력 시(printf 함수) 바로 사용할 수도 있다.

    ▹ 다양한 방식으로 Power 함수를 호출해 보라.

[문제 2]　최댓값 구하기: 5개의 double 값을 매개변수로 전달받아 최댓값을 반환하는 함수 Max를 만들고 main 함수를 통해 Max 함수를 사용해 보라.

- 실습 및 프로그래밍 절차

  - Max 함수를 만든다.

    ▹ 5개의 값들 중 가장 큰 값을 구하는 방안을 생각해 보라.

    ▹ Max 함수는 double 값 5개를 매개변수로 전달받고 double 값을 반환한다.

  - main 함수를 만든다.

    ▹ 다양한 방식으로 Max 함수를 호출해 보라.

3단계 ┃ 조금만 생각하면 이 정도는 쉽게 만들 수 있다.

[문제 1]　도형 그리기 함수 만들기: 사용자로부터 정수 하나를 입력받고 실행 예와 같이 삼각형을 그린다. 이 과정을 사용자가 0 이하의 값을 입력할 때까지 반복적으로 수행한다. 단, 해당 정수에 대한 삼각형을 그리는 기능은 함수를 만들어 사용한다.

- 실습 및 프로그래밍 절차

  - 삼각형을 그리는 함수 Draw를 만든다.

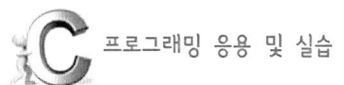
▹ Draw 함수는 int 값 1개를 매개변수로 전달받고 반환값은 없다.

▹ for 문을 사용하여 실행 예에 해당하는 함수를 그린다.

- main 함수를 만든다.

▹ 반복문을 사용하여 사용자 입력을 받아들이고 Draw 함수를 호출하는 과정을 반복적으로 수행한다.

• 실행 예

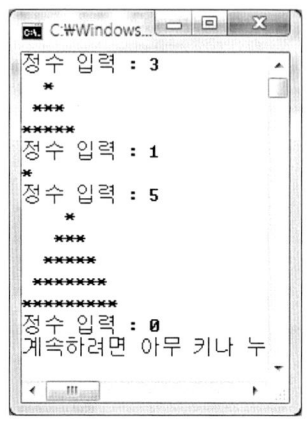

문제 2   두 자연수의 최대공약수와 최소공배수 찾기: 사용자로부터 자연수 2개를 입력받고 두 자연수의 최대공약수와 최소공배수를 출력하는 프로그램을 작성하라.

• 참고 사항

- 최대공약수: 공약수 중에서 가장 큰 수

- 최소공배수: 공배수 중에서 가장 작은 수

- 최대공약수를 구하는 기능과 최소공배수를 구하는 기능은 각각 별도의 함수로 작성한다.

• 실습 및 프로그래밍 절차

- 최대공약수를 반환하는 함수 GCD를 만든다.

▹ int 값 2개를 매개변수로 전달받고 int 값을 반환한다.

▹ 최대공약수의 개념에 따라 반복문 등을 사용하여 최대공약수를 구한다.

- 최소공배수를 반환하는 함수 LCM을 만든다.

▹ int 값 2개를 매개변수로 전달받고 int 값을 반환한다.

▹ 최소공배수의 개념에 따라 반복문 등을 사용하여 최소공배수를 구한다.

- 최대공약수와 최소공배수를 구하는 과정에서 공통적인 기능이 필요하다면 이를 또다른 함수로 구현할 수도 있다.
- main 함수를 만든다.
  ▷ 사용자로부터 자연수 2개를 입력받고, GCD 함수와 LCM 함수를 사용하여 최대공약수와 최소공배수를 출력한다.

[문제 3] 피보나치 수열 구하기: 피보나치 수열은 각 항의 값이 1, 1, 2, 3, 5, 8, 13, 21, ...의 순으로 나열되는 수열을 의미한다. f(1) = 1, f(2) = 1, f(3) = 2, f(4) = 3, ... 로 f(n) = f(n - 1) + f(n - 2)의 식이 성립한다. 즉, 특정 항의 값은 바로 이전 2개 항의 값의 합으로 결정된다.

① 재귀 함수를 사용하지 않고 n번째 항의 피보나치 수열을 구하는 함수를 만들어 보라.
② 재귀 함수를 사용하여 동일한 기능의 함수를 만들어 보라.

물론 각 함수를 활용하기 위한 코드를 작성해야 한다.

- 참고 사항
  - 피보나치 수열을 구하는 함수는 구조의 특성상 재귀 함수를 사용하는 것이 보다 적합할 수 있다. 그러나, 기본적으로는 재귀 함수를 사용하지 않고도 동일한 기능의 함수를 작성할 수 있다. 먼저 첫 번째와 두 번째 항의 값이 1이라는 것을 알고 있다는 전제 하에 현재 구하고자 하는 항의 값을 구하기 위해 이전 2개의 항을 합산하는 과정을 몇 번을 수행하면 되는지를 안다면 반복문을 사용하여 쉽게 구현이 가능하다.

- 실습 및 프로그래밍 절차
  - 일반 함수 Fibo를 작성한다.
    ▷ Fibo 함수는 int 값 1개를 매개변수로 전달받고 int 값을 반환한다.
    ▷ 반복문을 사용하여 해당 항에 대한 피보나치 수열을 구하여 반환한다.
  - 재귀 함수 FiboR을 작성한다.
    ▷ FiboR 함수 역시 int 값 1개를 매개변수로 전달받고 int 값을 반환한다.
    ▷ 피보나치 수열의 종료 조건(첫 번째 항과 두 번째 항의 값은 각각 1임)과 구조를 고려하여 재귀 호출 방안을 모색한다.
  - main 함수를 통해 Fibo와 FiboR 함수를 검증하기 위한 코드를 작성한다.
    ▷ 같은 항에 대한 Fibo 함수와 FiboR 함수의 반환 결과를 비교함으로써 두 함수의 값이 동일한지 확인한다.

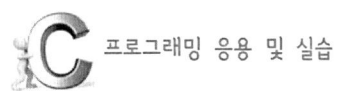

▷ 반복문을 통해 사용자가 입력한 항에 대한 피보나치 수열을 반복적으로 확인한다.

– 인터넷 검색을 통해 피보나치 수열에 관심을 가지는 이유에 대해 파악해 보라.

4단계 │ 나도 이런 프로그램을 만들 수 있다.

문제 1 메뉴 방식의 계산기 프로그램 만들기: 초기화(c), 덧셈(+), 뺄셈(-), 곱셈(*), 나눗셈(/), 결과출력(p), 취소(u) 메뉴를 통해 연속적인 사칙 연산이 가능한 계산기 프로그램을 작성하라.

• 참고 사항

– 최종 계산 결과는 double 타입의 전역 변수를 선언하여 사용한다. 즉, 계산 결과는 이 변수에 대해 적용되는 것이다.

– 초기화(c) 메뉴를 선택하면 결과값이 0이 된다.

– 덧셈(+), 뺄셈(-), 곱셈(*), 나눗셈(/) 중 하나를 선택하면 결과값에 대해 연산을 적용할 값 하나를 다시 입력받는다. 그리고 입력값을 결과값에 적용하게 된다. 최종 결과값은 연산 시 마다 매번 출력된다.

– 결과출력(p) 메뉴를 선택하면 최종 결과값을 출력한다.

– 취소(u) 메뉴를 선택하면 가장 마지막 연산이 취소된다. 취소 기능은 가장 최근 연산에만 적용되는 것으로 가정한다.

– 문자 하나를 입력받기 위해서는 scanf 함수의 서식 문자로 %c를 사용하면 된다.

– 각 메뉴에 대한 기능은 각각 별도의 함수로 만들어 사용토록 한다.

• 실습 및 프로그래밍 절차

– 메뉴 출력 및 사용자 입력 함수를 별도로 만들면 보다 구조화된 프로그램의 작성이 가능하다.

– main 함수를 만든다.

  ▷ 메뉴 출력 및 입력 함수를 반복적으로 호출할 수 있는 구조를 만든다.

  ▷ 각 메뉴 별로 함수를 호출한다.

– 각 메뉴에 해당하는 기능을 각각 별도의 함수로 만든다.

  ▷ 취소(u) 기능의 경우 추가 변수를 사용하면 쉽게 해결할 수 있다. 최근 3회까지의

연산 취소가 가능하게 하려면 어떻게 해야 할지 생각해 보라.

문제 2   가위바위보 게임 만들기: 난수 발생 함수를 사용하여 컴퓨터와 대전이 가능한
가위바위보 게임을 만들어 보라.

• 참고 사항
 – 게임을 위한 각 기능들을 별도의 함수로 만들도록 한다. 게임을 위해 필요한 기능으로는 사용자 입력, 컴퓨터 입력, 판정, 결과 출력이 있다. 각 기능은 다음과 같은 함수로 구현한다.
   ▷ InputUser 함수: 사용자로부터 입력을 받기 위한 함수이다. 사용자로부터 0, 1, 2, 3의 값을 입력 받을 수 있는데 1, 2, 3은 각각 가위, 바위, 보에 대응되는 정숫값이고, 0이 입력되면 결과를 출력한 후 프로그램을 종료한다. 단, 지정된 번호 이외의 값이 입력될 경우 오류 메시지를 출력한다.
   ▷ InputCom 함수: 난수 발생 함수를 사용하여 1~3의 값 중 임의의 값을 생성하며 이에 따라 컴퓨터의 가위, 바위, 보를 결정한다.
   ▷ DicideWinner 함수: 해당 게임에 대한 승패를 결정하는 함수이다.
   ▷ PrintResult 함수: 최종적으로 사용자의 승, 무승부, 패에 대한 횟수를 출력한다.
 – 필요한 경우 전역 변수를 사용할 수 있다.

• 실습 및 프로그래밍 절차
 – 승수, 무승부수, 패수를 기록하기 위한 변수와 사용자의 가위-바위-보, 컴퓨터의 가위-바위-보 등 필요한 변수를 선언한다.
 – InputCom 함수를 사용하여 컴퓨터의 가위-바위-보를 생성한다.
 – InputUser 함수를 사용하여 사용자로부터 가위-바위-보를 입력받는다.
 – DecideWinner 함수를 사용하여 현재 게임에 대한 승패를 판단하고 결과를 출력한다. 또한 이에 따라 승수, 무승부수, 패수를 갱신한다.
 – 사용자가 0 이하의 값을 입력하면 최종적으로 승수, 무승부수, 패수를 출력하고 프로그램을 종료한다.

• 실행 예

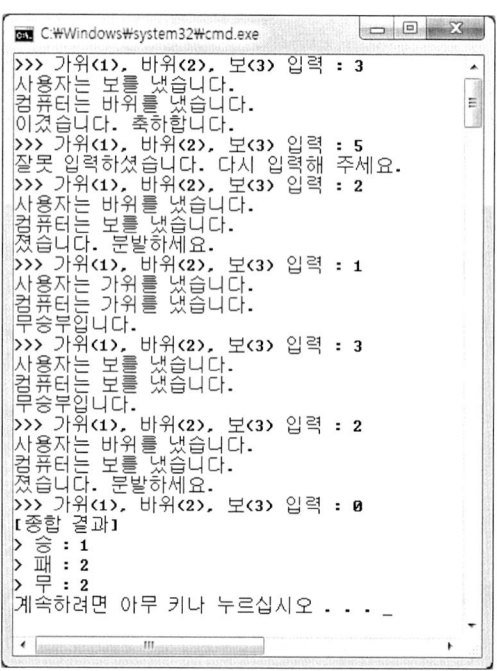

문제 3   슬롯머신 게임 만들기: 2번 문제와 마찬가지로 난수 발생 함수를 사용하여 3
         개의 숫자를 기반으로 하는 슬롯머신 프로그램을 만들어 보라.

• 참고 사항

  – 한 번의 게임에서 1~9 사이의 숫자 3개가 나온다. 이 숫자들의 조합에 따라 1등, 2
    등, 3등, 4등이 결정되는데 각 등수에 대한 규칙은 스스로 결정한다.

    ▹ 예를 들어, 모두 7이 나오면 1등, 동일한 숫자 3개가 나오면 2등, 동일한 숫자 2개
      가 나오면 3등, 이외에는 4등이 된다.

  – 각 등수에 따라 배팅한 금액에 대한 배율이 결정되는데, 등수 별 배율도 각자 결정토
    록 한다.

    ▹ 예를 들어, 1등은 배팅 금액의 5배, 2등은 3배, 3등은 2배가 되며 4등은 배팅 금액
      을 모두 잃게 된다.

  – 프로그램 구현을 위해서 InputMoney 함수와 Run 함수를 만든다.

    ▹ InputMoney 함수는 사용자로부터 금액을 입력받는다.

    ▹ Run 함수는 해당 금액을 사용하여 슬롯머신 게임을 수행한다.

- 실습 및 프로그래밍 절차
  - 사용자 배팅 금액을 입력받는 InputMoney 함수를 만든다. 해당 함수에서는 100원 미만의 금액을 입력받도록 한다.
  - Run 함수에서는 rand 함수를 사용하여 1~9 사이의 정수 3개를 생성하고, 규칙에 따라서 등수 및 금액을 산출할 수 있도록 한다.
  - main 함수에서는 InputMoney 함수와 Run 함수를 사용하여 슬롯머신 게임을 수행하며 사용자 입력에 따라 게임을 반복적으로 수행한다.

- 실행 예

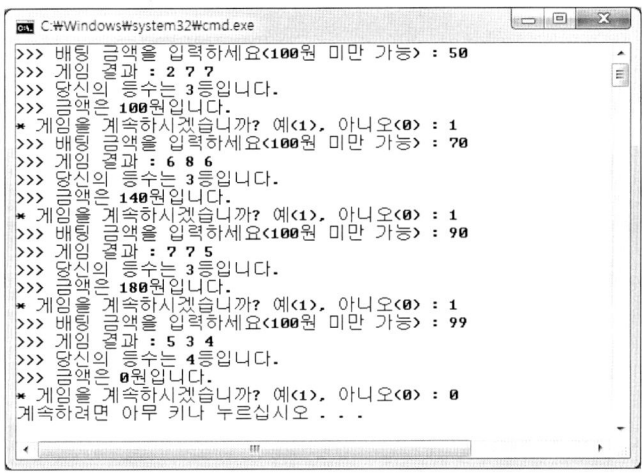

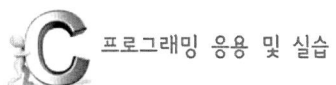
실습 보고서

다음 양식에 따라 각 문제에 대한 실습 결과 보고서를 작성한다.

학과		학번		이름	
학년		작성일시		담당교수	
실습 단계		문제			

문제 분석	무엇을 만들고자 하는지를 파악하고 설명한다.
학습 내용	실습 과정에서 필요한 기술적 요소에 대해 기술한다.
알고리즘 기술	프로그램 전체 또는 핵심 부분에 대한 알고리즘을 기술한다. 이때 순서도나 의사 코드를 사용할 수도 있지만 보다 자유로운 형식으로 기술할 수도 있다. 각 문제 별로 제시한 내용을 참고하라.
프로그램 구현	소스 코드의 분량이 적을 경우에는 소스 코드 전체를 기술한다. 다만 소스 코드의 분량이 많을 경우에는 주요 소스 코드만 첨부하며 전체 소스 코드는 별첨으로 첨부한다.
실행 결과	실행 결과 화면을 첨부하며 실행 방법 및 실행 결과에 대해 설명한다.
종합 분석	본 실습을 통해 습득한 능력 및 느낀 점을 기술한다.

라이브러리 함수

학습 내용 주요 라이브러리 함수의 활용

학습 목표
• 라이브러리 함수들에는 어떤 것들이 있는지 이해한다.
• 수학 함수들을 사용할 수 있다.
• system 함수에 대해 이해하고 사용할 수 있다.
• Sleep 함수에 대해 이해하고 사용할 수 있다.
• clock 함수에 대해 이해하고 사용할 수 있다.
• _kbhit 함수와 _getch 함수에 대해 이해하고 사용할 수 있다.
• 도스창의 좌표 체계에 대해 이해한다.
• SetConsoleCursorPosition 함수에 대해 이해하고 사용할 수 있다.

1단계 | 이 정도는 눈 감고도 설명할 수 있다.

◀ 라이브러리 함수 ▶

• 처음부터 모든 것을 다 작성하는 것은 매우 어렵고 비효율적인 방법이다. 따라서 모든 컴퓨터 프로그래밍 언어에는 많이 사용되는 기능들을 함수 단위로 미리 구현해 놓고 있다. 이것을 라이브러리 함수라고 한다.

  − 표준 C에서 정의해 놓은 함수를 표준 C 라이브러리 함수라 한다. 표준 라이브러리 함수는 운영체제에 관계없이 공통적으로 사용이 가능하다.

  − 표준 C 라이브러리 함수 외에도 각 운영체제에서 제공하고 있는 비표준 라이브러리 함수들이 있다. 비표준 라이브러리 함수의 경우 운영체제에 따라 사용이 불가능할 수도 있다.

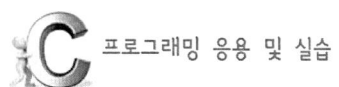

- 본 자료에서 소개하는 라이브러리 함수는 다음과 같다.

함수명	기능	헤더 파일	표준/비표준
fabs	절댓값 반환	math.h	표준
round	반올림 결과 반환		
sin	sin 값 반환		
log	자연로그 값 반환		
pow	x의 y승 반환		
system	문자열에 해당하는 DOS 명령어 실행	stdlib.h	표준
Sleep	해당 밀리초 동안 실행 멈춤	Windows.h	비표준
clock	프로그램 실행 후 경과 시간 (cpu time) 반환	time.h	표준
_kbhit	키 입력 여부 감지	conio.h	비표준
_getch	키 입력 문자 반환	conio.h	비표준
SetConsoleCursorPosition	커서 이동	Windows.h	비표준

◀ 수학 함수 ▶

- 수학 함수들의 사용 방법

함수 프로토타입	기능	사용 예	
		코드	반환 값
double fabs(double x);	절댓값	fabs(-3.4);	3.4
double round(double x);	반올림	round(3.56);	4
double sin(double x);	sin 값	sin(3.14159265);	0
double log(double x);	자연로그 값	log(2.718281828);	1
double pow(double x, double y);	x의 y승	pow(2, 3);	8

예제 사용자로부터 실숫값 1개를 입력받고 절댓값, 반올림값, sin 값, log 값 및 해당
값의 3승값을 출력해 보라.

```c
#include <stdio.h>
#include <math.h>

int main(void)
{
    double num;

    printf("실수 1개 입력 : ");
    scanf("%lf", &num);

    printf("절댓값   : %10.6f \n", fabs(num));
    printf("반올림값 : %10.6f \n", round(num));
    printf("sin 값   : %10.6f \n", sin(num));
    printf("log 값   : %10.6f \n", log(num));
    printf("3승 값   : %10.6f \n", pow(num, 3));
}
```

◀ system 함수 ▶

• 콘솔(도스) 명령어의 예

명령어	기능	사용 예
dir	현재 폴더 출력	dir
cd	현재 폴더 이동	cd ..\temp
copy	파일 복사	copy a.txt b.txt
cls	화면 전체 내용 삭제	cls
mode	도스창 크기 변경	mode CON COLS = 20 LINES = 5

• system 함수의 사용 방법

– system("cls");   // 화면의 모든 내용이 삭제됨

– system("mode CON COLS = 20 LINES = 5");   // 도스창의 크기가 변경됨

◀ Sleep 함수 ▶

• Sleep 함수의 사용 방법

– Sleep(1000);   // 1000밀리초(1초) 동안 실행 멈춤

예제   10초부터 0초까지 1초 간격으로 1초씩 감소하면서 현재 초를 출력해 보자. 매 초를 출력할 때 마다 출력 전에 화면 전체를 삭제한다.

```c
#include <stdio.h>
#include <windows.h>

int main(void)
{
    for (int i = 10; i >= 0; i--)
    {
        system("cls");
        printf("%d ", i);
        Sleep(1000);        // 1000밀리초(1초) 동안 실행 멈춤
    }
}
```

◀ clock 함수 ▶

• 프로그램 시작 시부터 clock 값은 0부터 일정 간격으로 1씩 증가하게 된다.
  – 현재 clock 값은 1밀리초 간격으로 1씩 증가한다.
  – 초당 clock 값은 1000만큼 증가한다. 이 값은(1000) CLOCKS_PER_SEC라는 문자열 상수로 정의되어 있다.
• clock 함수의 사용 방법
  – clock();   // 현재 clock 값 반환

예제   10초부터 0초까지 1초 간격으로 1초씩 감소하면서 현재 초를 출력해 보자. 매 초를 출력할 때 마다 출력 전에 화면 전체를 삭제한다. clock 함수를 사용하고 Sleep 함수와의 차이점에 대해 생각해 보자.

```c
#include <stdio.h>
#include <stdlib.h>
#include <time.h>

int main(void)
{
```

```
        clock_t initial_clock = clock();        // 초기 clock
        int i = 10;

        system("cls");
        printf("%d ", i);

        while (i > 0)
        {
            clock_t current_clock = clock();    // 현재 clock
            if (current_clock - initial_clock >= 1000)    // 1초 경과
            {
                i--;
                system("cls");
                printf("%d ", i);
                initial_clock = clock();        // 현재 clock을 초기 clock으로 대입

            }
        }
    }
```

- Sleep 함수가 실행되면 해당 밀리초 동안 다음 문장으로의 이동이 불가능하다.
- clock 함수가 실행되면 현재 clock 값을 반환하고 다음 문장으로 이동한다. 따라서 1
  초가 경과하지 않았다 하더라도 while 문 내의 문장들이 계속해서 차례로 실행된다.

◀ _kbhit 함수와 _getch 함수 ▶

- _kbhit 함수의 사용 방법
  - if (_kbhit()): 키보드 키 입력이 있었다면 1(참) 반환, 키 입력이 없다면 0(거짓) 반환
- _getch 함수의 사용 방법
  - int ch = _getch();
  - 키보드 키 입력을 위해 대기하며 키보드 키 입력 후 입력값이 반환된다.
  - canf("%c")와 달리 입력 키 문자가 화면에 나타나지 않으며, 엔터키를 입력하지 않더
    라고 바로 입력 키 값이 반환된다.

예제 1   1부터 100까지 1초 간격으로 1씩 증가하며 값을 화면에 출력하라. 단, 'p' 키가 입력되면 증가를 멈추며 다시 'p' 키가 입력되면 증가를 재개한다.

```c
#include <stdio.h>
#include <stdlib.h>
#include <time.h>
#include <conio.h>

int main(void)
{
    clock_t initial_clock = clock();        // 초기 clock
    int i = 1;
    int go = 1;

    system("cls");
    printf("%d ", i);

    while (i < 100)
    {
        if (go == 1)
        {
            clock_t current_clock = clock();  // 현재 clock
            if (current_clock - initial_clock >= 1000)    // 1초 경과
            {
                i++;
                system("cls");
                printf("%d ", i);
                initial_clock = clock(); // 현재 clock을 초기 clock으로 대입

            }
        }
        if (_kbhit())                   // 키 입력이 있었다면
        {
            if (_getch() == 'p')         // 'p' 키라면
                go = (go + 1) % 2;       // 멈춤(0)/재개(1) 변환
        }
    }
}
```

– 만약 clock 함수 대신 Sleep 함수를 사용한다면 해당 밀리초 동안 키 입력을 감지할 수 없다.

_getch 함수를 사용하여 방향키 입력을 받아 보라.

- Up 방향키에 해당하는 값은 72이다. 그러나 아스키코드값 72는 'H' 문자를 나타낸다. 두 가지 값을 구분하기 위해 방향키를 입력하면 0 또는 224가 먼저 입력되고 그 다음에 72가 입력된다. 이 원리를 이용하여 방향키 중 하나가 입력되었음을 알 수 있다.
- 다음 프로그램에서 방향키 입력을 받기 위해 KEY_UP 등의 문자열 상수와 GetKey 함수를 그대로 사용하면 된다.

```c
#include <stdio.h>
#include <conio.h>

#define KEY_ESC 27
#define KEY_UP (256 + 72)
#define KEY_DOWN (256 + 80)
#define KEY_LEFT (256 + 75)
#define KEY_RIGHT (256 + 77)

int GetKey(void)
{
    int ch = _getch();

    if (ch == 0 || ch == 224)
        // 방향키의 경우 0 또는 224의 값이 먼저 입력됨
        ch = 256 + _getch();
    // 그 다음에 해당 방향키에 따라 72(Up),
    // 80(Down), 75(Left), 77(Right) 값이 입력됨

    return ch;
}

int main(void)
{
    int ch;

    while ((ch = GetKey()) != KEY_ESC)
    {
        switch (ch)
        {
        case KEY_RIGHT:
            printf("[Key Right] \n");
            break;
```

```
        case KEY_LEFT:
            printf("[Key Left] \n");
            break;
        case KEY_UP:
            printf("[Key Up] \n");
            break;
        case KEY_DOWN:
            printf("[Key Down] \n");
            break;
        }
    }
}
```

◀ 도스창의 좌표 체계 ▶

• 도스창은 가로가 x축, 세로가 y축이 된다.

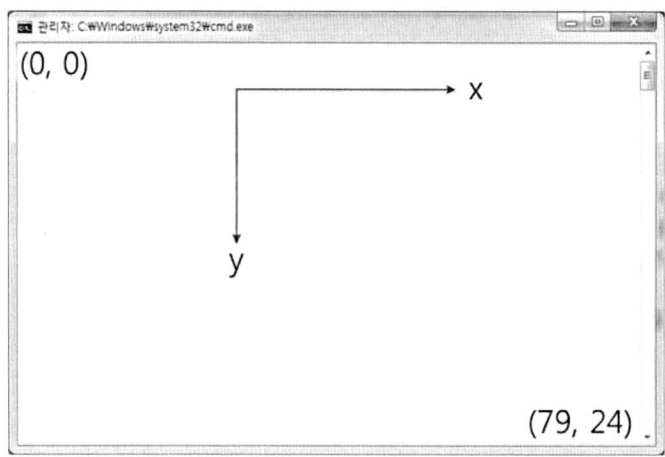

– 왼쪽 상단의 (x, y) 좌표가 (0, 0)이며 오른쪽으로 이동할 때마다 x 좌표값이 1씩 증가하고 아래쪽으로 이동할 때마다 y 좌표값이 1씩 증가한다. 따라서 가로 80, 세로 25인 디폴트 도스창의 경우 오른쪽 하단의 (x, y) 좌표가 (79, 24)가 된다.

◀ SetConsoleCursorPosition 함수 ▶

• 현재 출력되는 데이터는 커서가 있는 위치에 출력됨

– SetConsoleCursorPosition 함수를 통해 커서를 이동함으로써 다양한 형태의 출력이 가능하며 clock 함수 등과 함께 사용하여 동적인 효과를 줄 수 있다.

- SetConsoleCursorPosition 함수 사용 방법

  - Coord   pos = { 5, 7 };   // Coord는 구조체

  - SetConsoleCursorPosition(GetStdHandle(STD_OUTPUT_HANDLE), pos);

    ▹ GetStdHandle(STD_OUTPUT_HANDLE): 모니터(도스창) 의미

    ▹ 커서가 (5, 7)로 이동됨

[예제 2]   사용자가 입력한 위치로 이동하여 '*' 문자를 출력해 보자.

- GotoXY 함수를 그대로 사용하면 된다.

```c
#include <stdio.h>
#include <windows.h>

void GotoXY(int x, int y)
{
    // COORD 구조체 변수를 통해 이동할 위치 설정
    COORD pos = { x, y };
    SetConsoleCursorPosition(GetStdHandle(STD_OUTPUT_HANDLE), pos);
}

int main(void)
{
    int x, y;

    printf("출력할 위치 입력 : ");
    scanf("%d %d", &x, &y);
    GotoXY(x, y);
    printf("*");
}
```

- 참고로 현재 출력 위치에서 깜박이는 커서를 안 보이게 설정하려면 SetConsoleCursorInfo 함수를 사용하면 되며, 다음 코드와 같이 SetCursorInvisible 함수를 만들어 그대로 사용하면 편리하다.

```
#include <stdio.h>
#include <windows.h>

void SetCursorVisible(int visible)
{
    CONSOLE_CURSOR_INFO ci = { 100, visible };
    SetConsoleCursorInfo(GetStdHandle(STD_OUTPUT_HANDLE), &ci);
}

int main(void)
{
    SetCursorVisible(0);    // 커서 숨김, SetCursorVisible(1) => 커서 보이기
    printf("test\n");
}
```

- CONSOLE_CURSOR_INFO 타입의 변수값 중 100 자리에는 커서 두께의 비율(1~100)
  값이 온다.

2단계 ┃ 이 정도는 눈 감고도 만들 수 있다.

문제 1　삼각함수 값 출력하기: 0°부터 180°까지의 각 값에 대해 sine, cosine, tangent
값을 출력하라. 출력값은 소수점 이하 둘째 자리까지 출력토록 하라.

- 참고 사항
  - 각 삼각함수 값을 반환하는 표준 라이브러리 함수는 sin, cos, tan이다.
  - 해당 함수의 매개변수가 라디안 값임에 주의해야 한다. 따라서 sin30°의 경우 30°의
    라디안 값인 ((30 / 180) * PI)의 값을 구해(rad라 하자) sin(rad)와 같이 구하면 된다.
  - PI 값은 3.14를 사용한다.

- 실습 및 프로그래밍 절차
  - 반복문을 사용하여 0°부터 360°까지의 삼각함수 값을 각각 구한다. 이때 라디안 값으
    로 변경한 후 함수의 매개변수로 전달해야 한다.
  - printf 함수를 사용하여 소수점 이하 둘째 자리까지 출력한다.

• 실행 예

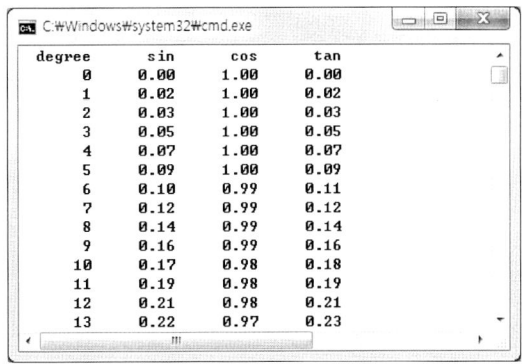

[문제 2]
 '*' 문자 이동하기: '*' 문자의 초기 위치는 (0, 0)이다. 사용자가 방향키를 입력하면 해당 방향으로 한 칸씩 이동하는 프로그램을 작성하라. ESC 키가 입력되면 프로그램은 종료된다.

• 참고 사항

– 기존 위치에는 '*' 문자가 남아있지 않아야 한다. 이를 위해 현재 위치로 커서를 이동한 후 공백 문자를 출력하면 된다.

– 그 다음에 새로운 위치로 커서를 이동한 후 '*' 문자를 출력하면 된다.

• 실습 및 프로그래밍 절차

– '*' 문자의 현재 위치를 저장할 변수를 선언하고 초기화한다.

– 사용자로부터 키 입력을 대기하고(_getch 함수) 해당 방향키값(오른쪽, 왼쪽, 아래쪽, 위쪽)에 따라 현재 위치를 변경한다. 예를 들어, 오른쪽이면 x의 값이 1 증가한다.

– 이전 위치의 '*' 문자를 먼저 삭제한 후 새 위치로 이동하여 '*' 문자를 출력한다.

– 반복문을 사용하여 키 입력 및 이동 과정을 반복 수행한다.

3단계 | 조금만 생각하면 이 정도는 쉽게 만들 수 있다.

[문제 1] 소수점 이하 자리에서 반올림하기: 사용자가 입력한 실숫값(num)과 정숫값(pos)이 있을 때 실숫값을 출력하되 소수점 이하 pos 자리에서 반올림한 값을 구해 보라.

- 참고 사항

  - round 함수는 소수점 이하 첫째 자리에서 반올림한 값을 반환한다.

  - round 함수를 활용하되 소수점 이하 셋째 자리에서 반올림하는 경우 어떻게 하면 계산이 가능한지 먼저 생각해 보라.

  - 본 문제는 2주차 4단계 문제1과 동일하되 반올림 기능을 함수로 만들어 사용하면 된다.

- 실습 및 프로그래밍 절차

  - 사용자로부터 실숫값(num)과 정숫값(pos)를 입력받는다.

  - round 함수 등을 사용하여 num의 소수점 이하 pos 위치에서 반올림한 값을 구해 출력한다.

[문제 1] '*' 문자 이동하기: '*' 문자의 초기 위치는 (0, 10)이다. 1초 간격으로 x 좌표값이 증가하여 해당 위치로 이동하는 프로그램을 작성하라. (79, 10)에 도착하면 프로그램은 종료된다. 'p' 문자가 입력되면 이동은 멈추게 되고, 다시 'p' 문자가 입력되면 이동을 재개한다.

- 참고 사항

  - 기존 위치에는 '*' 문자가 남아있지 않아야 한다. 이를 위해 현재 위치로 커서를 이동한 후 공백 문자를 출력하면 된다.

  - 그 다음에 새로운 위치로 커서를 이동한 후 '*' 문자를 출력하면 된다.

  - 이를 통해 '*' 문자가 오른쪽으로 이동하는 애니메이션 효과를 줄 수 있다.

  - Sleep 함수를 사용할 수도 있지만 반드시 clock 함수를 사용토록 하라.

- 실습 및 프로그래밍 절차

  - '*' 문자의 현재 위치를 저장할 변수를 선언하고 초기화한다.

  - 현재 이동 모드라면, clock 함수를 사용하여 1초가 경과하였는지를 검사한다. 1초가 경과하였다면 '*' 문자를 한 칸 이동한다.

  - 키 입력이 있었다면 'p' 문자인지 확인하고, 'p' 문자라면 이동 여부를 변경한다.

  - x 좌표값이 79가 되면 프로그램을 종료한다.

4단계 | 나도 이런 프로그램을 만들 수 있다.

문제 1   sine, cosine 그래프 그리기: 0°부터 360°까지의 각 각도에 대한 sine 값은 sin 함수를 사용하면 알 수 있다. 기본적인 도스창(가로 80, 세로 25)에 sine 함수 그래프를 그려 보라.

- 참고 사항

 - 본 문제의 해결을 위해서는 적절한 scaling이 필요하다. 가로축의 경우 80칸 밖에 없기 때문에 80칸으로 0°부터 360°까지의 값을 표현해야 한다. x = 0은 0°를 나타내고 x = 79는 360°를 나타낸다. 그리고 x = 1부터 x = 78까지는 0°와 360° 사이의 값이 된다. 각 x 값에 대한 각도값은 두 점 (0, 0)과 (79, 360)을 지나는 직선의 방정식을 구한 후 x 값을 대입하면 된다.

 - sine 값 또한 적절한 scaling을 통해 y축의 0부터 24까지의 범위 내의 값으로 변환할 필요가 있다. sine 값의 범위는 -1~1이다. 따라서 -1은 24로 변환하고 1은 0으로 변환하며 -1과 1 사이의 값들 또한 0과 24 사이의 값으로 선형적으로 변환하면 된다. 즉, 두 점 (-1, 24)와 (1, 0)을 지나는 직선의 방정식을 구한 후 sine 값을 대입하면 y축의 값을 구할 수 있다.

- 실습 및 프로그래밍 절차

 - 반복문을 사용하여 0부터 79까지의 x축 값에 대해 다음 과정을 수행한다.

   ▷ x축 값에 해당하는 각도를 계산한다.

   ▷ 라디안 값으로 변환한다.

   ▷ sin 함수를 사용하여 sine 값을 구한다.

   ▷ sine 값을 0과 24 사이의 값으로 변환한다(y). y 값은 실숫값이다. 이 값을 단순히 정수로 변환하여 처리하면 된다. 사실은 보다 정교한 연산을 위해 소수점 이하 첫째 자리에서 반올림하여 사용할 수 있다.

   ▷ (x, y)로 이동하여 '*' 문자를 출력한다.

 - 동일한 방법으로 cosine 함수로 출력한다.

 - _getch 함수를 실행하여 특정 키가 입력되면 프로그램을 종료하도록 한다.

• 실행 예

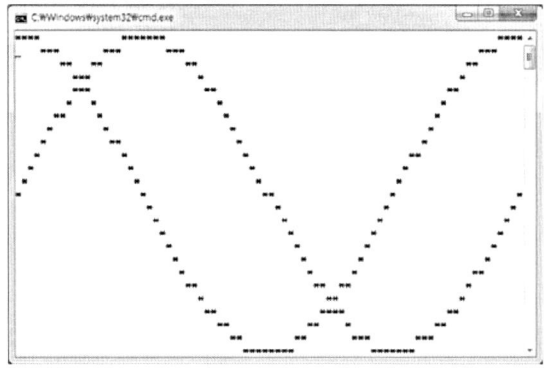

<u>문제 2</u> 달리기 시합 시뮬레이션 만들기 : 4명의 선수가 달리기 시합을 한다. 각 선수의
시작 위치는 (0, 3), (0, 6), (0, 9), (0, 12)이다. 1초 간격으로 각 선수의 위치
가 변경되는데 이동한 거리는 1~3 중 하나이다. 결승선의 x 좌표는 100이다.
따라서 어떤 선수의 x 좌표가 100 이상이 되면 해당 선수는 승리하게 된다.
마지막 선수까지 결승선을 통과한 후 각 선수의 등수를 출력한다.

• 참고 사항

  – system 함수를 사용하여 도스창의 크기를 변경한다.

    ▷ system("mode CON COLS = 110 LINES = 25");

  – Sleep 함수 또는 clock 함수를 사용하여 1초가 경과하였는지 점검한다.

  – rand, srand, time 함수를 사용하여 매 초마다 각 선수 별로 이동 거리를 1~3의 값
    중 무작위로 결정한다.

  – 필요한 기능들을 함수로 구현하라. 예를 들어, 특정 좌표로 이동하여 문자열을 출력
    하는 DrawPlayer 함수, 좌표를 1~3 범위 내에서 이동하는 Move 함수 등을 만들 수
    있다. main 함수 외에 3개 이상의 함수를 만들어 보라.

  – 필요한 경우 전역 변수를 사용할 수 있다.

• 실습 및 프로그래밍 절차

  – 각 선수의 현재 위치를 저장할 변수를 선언하고 초기화한다.

  – 초기 위치에 각 선수들을 출력한다.

  – 1초가 경과할 때마다 다음 과정을 반복 수행한다.

    ▷ 각 선수 별로 이동 거리를 생성한다.

▹ 이동 거리만큼 이동한다.

▹ 결승선을 통과했는지 검사하고 통과했다면 해당 선수의 등수를 기록한 후 경기에서 제외한다.

▹ 모든 선수가 결승선을 통과했다면 반복문을 종료한다.

– 각 선수의 등수를 출력한다.

• 실행 예

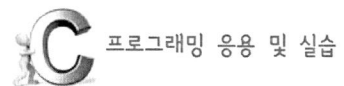

실습 보고서

다음 양식에 따라 각 문제에 대한 실습 결과 보고서를 작성한다.

학과		학번		이름	
학년		작성일시		담당교수	
실습 단계		문제			
문제 분석	무엇을 만들고자 하는지를 파악하고 설명한다.				
학습 내용	실습 과정에서 필요한 기술적 요소에 대해 기술한다.				
알고리즘 기술	프로그램 전체 또는 핵심 부분에 대한 알고리즘을 기술한다. 이때 순서도나 의사 코드를 사용할 수도 있지만 보다 자유로운 형식으로 기술할 수도 있다. 각 문제 별로 제시한 내용을 참고하라.				
프로그램 구현	소스 코드의 분량이 적을 경우에는 소스 코드 전체를 기술한다. 다만 소스 코드의 분량이 많을 경우에는 주요 소스 코드만 첨부하며 전체 소스 코드는 별첨으로 첨부한다.				
실행 결과	실행 결과 화면을 첨부하며 실행 방법 및 실행 결과에 대해 설명한다.				
종합 분석	본 실습을 통해 습득한 능력 및 느낀 점을 기술한다.				

배열

학습 내용 1차원 배열, 다차원 배열

학습 목표
- 배열의 필요성에 대해 이해한다.
- 1차원 배열을 선언하고 사용할 수 있다.
- char 배열을 통해 문자열을 저장하고 사용할 수 있다.
- 2차원 배열을 선언하고 사용할 수 있다.
- 3차원 배열을 선언하고 사용할 수 있다.

1단계 ┃ 이 정도는 눈 감고도 설명할 수 있다.

◀ 배열의 필요성 ▶

- 다음과 같은 프로그램을 작성해 보라.

문제 1 우리 반 학생 수는 총 100명이다. 100명의 시험 점수를 저장하고 필요에 따라 점수 수정, 합계 출력, 평균 출력이 가능해야 한다.

문제 2 1부터 10,000 사이의 임의의 정수 1,000개를 생성하고, 이 값들을 오름차순으로 정렬하여 출력해 보라.

- int 변수 1개가 필요하다면 int num;과 같이 int 변수를 선언해서 사용하면 된다. int 변수 100개가 필요할 때, int 변수 1,000개 또는 10,000개가 필요할 때는 int 변수를 개별적으로 만들어 사용하는 것은 매우 비효율적이다. → 배열 사용

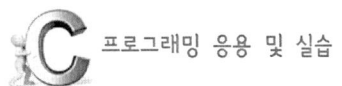

- 배열을 통해 동일한 타입의 변수 여러 개를 하나의 선언만으로 사용할 수 있다.

- 배열의 형태에 따라 1차원 배열, 2차원 배열, 3차원 배열, … 이 있으며, 2차원 배열 이상의 배열을 고차원 배열이라 부른다.

◀ 1차원 배열 ▶

- 1차원 배열의 선언 및 사용

  – 배열을 선언할 때는 배열의 이름, 배열 요소의 타입, 배열의 크기를 기술해야 한다.

int ary[8];

?	?	?	?	?	?	?	?
ary[0]	ary[1]	ary[2]	ary[3]	ary[4]	ary[5]	ary[6]	ary[7]

  – int ary[8];이라고 선언하면 총 8개의 int 변수가 만들어지며, 첫 번째 변수부터 ary[0], ary[1], ary[2], …, ary[7]이라는 이름을 갖게 된다. 배열 첨자 연산자 [] 내의 값을 인덱스라 하는데, 인덱스 값이 0부터 시작함에 주의하자.

  – 배열을 선언할 때 배열의 크기(=변수의 개수)는 상수만 사용이 가능하다. 예를 들면, int size = 8; int ary[size];와 같은 사용은 불가능하다. 그러나 배열을 사용할 때 인덱스 값으로는 변수의 값이 올 수 있다. 예를 들면, int i = 3; ary[i] = 100;이라고 하면 ary[3] = 100;과 동일한 효과가 나타난다.

  – 배열을 지역 변수로 선언하면 각 변수의 값은 쓰레기값으로 채워지며, 전역 변수로 선언하면 0으로 채워진다.

  – 1차원 배열을 선언할 때 각 요소의 값을 초기화할 수 있다.

    ▹ int ary[8] = { 1, 2, 3, 4, 5, 6, 7, 8 };
    ▹ int ary[8] = { 1, 2, 3 };   // 초기화값이 없는 요소들은 자동으로 0으로 채워짐
    ▹ int ary[8] = { 0 };   // 모든 요소의 값이 0으로 채워짐

예제
총 100개의 int 요소를 갖는 배열을 만들고 1과 10 사이의 무작위 값으로 채워 보라. 그리고 평균값을 출력해 보라.

```
#include <stdio.h>
#include <stdlib.h>
#include <time.h>

int main(void)
{
    srand(time(NULL));
    int ary[100];
    int sum = 0;

    for (int i = 0; i < 100; i++)
        ary[i] = rand() % 10 + 1;

    for (int i = 0; i < 100; i++)
        sum += ary[i];

    printf("평균 : %f \n", (double) sum / 100);
}
```

◀ char 배열을 통한 문자열의 저장 ▶

• 문자열 상수는 쌍 따옴표를 사용한다.

   – "C Program"

   – 문자열은 문자(char)의 집합이며, 특별히 마지막 문자로 널 문자('\0')가 포함된다. "C Program"의 경우 다음 그림과 같이 총 10바이트로 저장된다.

| C | | P | r | o | g | r | a | m | ₩0 |

• 문자열은 char 배열을 사용하여 저장할 수 있다. 이는 문자열 변수에 해당한다.

   – char str[10] = "C Program";

   – char str[10] = { 'C', ' ', 'P', 'r', 'o', 'g', 'r', 'a', 'm', '\0' };

   – char str[10] = { 'C', ' ', 'P', 'r', 'o', 'g', 'r', 'a', 'm' };   // 널 문자로 끝나지 않으면 문자열이 아니다. 단순한 문자 데이터의 배열이다.

   – 문자열을 저장하기 위한 배열의 크기는 최소한 문자열의 크기(널 문자 포함)보다 같거나 커야 한다.

• 사용자로부터 문자열을 입력받을 때는 서식 문자 %s를 사용하면 되고, 이에 대응되는

변수로는 char 배열의 이름을 주소 연산자 없이 사용하면 된다. 사실은 배열의 이름 자체가 첫 번째 요소의 주소에 해당한다.

- char str[10];
- scanf("%s", str);
- 이때 사용자가 입력한 문자열은 공백문자(탭문자, 다음줄 문자 포함) 이전까지를 하나의 문자열로 저장하게 된다.
- printf 함수를 사용하여 문자열을 출력할 때도 서식 문자로 %s를 사용한다.

예제 사용자로부터 문자열 하나를 입력받고 문자열 내에 문자 'R' 또는 'r'이 몇 개인지 출력해 보라. 문자열은 널 문자를 포함하여 20자 이내라고 가정한다.

```c
#include <stdio.h>

int main(void)
{
    char str[20];
    char count = 0;

    printf("문자열 입력 : ");
    scanf("%s", str);

    int i = 0;
    while (str[i] != '\0')
    {
        if (str[i] == 'R' || str[i] == 'r')
            count++;
        i++;
    }

    printf("R 또는 r의 개수 : %d \n", count);
}
```

▶ **실행 결과**

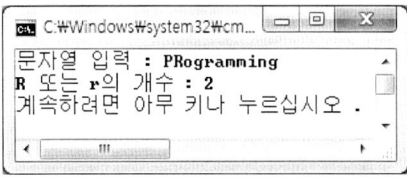

```
문자열 입력 : PRogramming
R 또는 r의 개수 : 2
계속하려면 아무 키나 누르십시오 .
```

- 저장되어 있는 문자열은 끝은 널 문자(\0)인지를 조사하면 알 수 있다.

◀ 2차원 배열 ▶

- 2차원 배열의 선언 및 사용
  - int ary[3][4];라는 배열을 선언하면 3행, 4열로 이루어진 2차원 형태의 배열이 만들어 진다. 총 12개의 int 변수가 만들어지게 된다.

int ary[3][4];

ary[0][0]	ary[0][1]	ary[0][2]	ary[0][3]
ary[1][0]	ary[1][1]	ary[1][2]	ary[1][3]
ary[2][0]	ary[2][1]	ary[2][2]	ary[2][3]

  - 2차원 배열 사용 시 각 요소는 1행, 1열부터 행 우선으로 ary[0][0], ary[0][1], ary[0][2], ..., ary[2][3]이라는 이름을 갖게 된다.
  - 2차원 배열 또한 선언할 때 각 요소의 값을 초기화할 수 있다. 기본적으로 중괄호(())내에 ary[0], ary[1], ary[2], ...와 같은 각각의 행을 초기화하기 위한 중괄호(())가 중첩되어 나오게 된다.
    ▹ int ary[2][3] = { { 1, 2, 3 }, { 4, 5, 6 } };
    ▹ int ary[2][3] = { { 1, 2 }, { 4 } };   // 초기값이 없는 요소들은 자동으로 0이 됨
    ▹ int ary[2][3] = { 1, 2, 4 };   // [0][0], [0][1], [0][2] 순으로 채워지면 나머지는 0이 됨
    ▹ int ary[2][3] = { 0 };   // 모든 요소의 값이 0으로 채워짐

예제 1   3행 5열의 int 요소를 갖는 2차원 배열을 만들고 1과 10 사이의 무작위 값으로 채워 보라. 그리고 평균값을 출력해 보라.

```
#include <stdio.h>
#include <stdlib.h>
#include <time.h>

int main(void)
{
    srand(time(NULL));
    int ary[3][5];
    int sum = 0;

    for (int i = 0; i < 3; i++)
```

```
        for (int j = 0; j < 5; j++)
            ary[i][j] = rand() % 10 + 1;

    for (int i = 0; i < 3; i++)
        for (int j = 0; j < 5; j++)
            sum += ary[i][j];

    printf("평균 : %f \n", (double) sum / (3 * 5));
}
```

– 2차원 배열의 각 원소에 대한 접근을 위해 중첩 for 문을 많이 사용한다.

예제 2 총 5개의 문자열을 사용자로부터 읽어 들이고 각 문자열을 출력해 보라. 각 문자열은 20자 이내라고 가정한다.

```
#include <stdio.h>

int main(void)
{
    char str[5][20];

    for (int i = 0; i < 5; i++)
    {
        printf("문자열 입력 : ");
        scanf("%s", str[i]);
    }

    for (int i = 0; i < 5; i++)
        printf("문자열 %d : %s \n", i + 1, str[i]);
}
```

– char 2차원 배열의 각 행(str[0], str[1], str[2], …)은 각각 문자열을 저장하는 데 사용될 수 있다.

◀ 3차원 배열 ▶

예제 3개 반에는 각각 4명의 학생이 있다. 각 학생 별로 국어, 영어, 수학 점수가 부여된다. 각 점수는 1부터 100 사이의 무작위 값으로 부여하면 된다. 모든 학생의 평균과 각 반별 평균을 구해 보라.

- 하나의 반만 고려한다면 각 학생에 대해 국어, 영어, 수학 점수가 필요하므로 4행 3열의 2차원 배열로 표현이 가능하다.
- 반의 개수가 3개이므로 하나의 반에 해당하는 4행 3열의 2차원 배열이 3개가 있으면 된다. 따라서 int score[3][4][3];과 같이 3차원 배열로 표현할 수 있다.

```
int ary[3][4][3];
```

ary[0][0][0]	ary[0][0][1]	ary[0][0][2]
ary[0][1][0]	ary[1][0][0]	ary[1][0][1]	ary[1][0][2]
ary[0][2][0]	ary[1][1][0]	ary[2][0][0]	ary[2][0][1]	ary[2][0][2]
ary[0][3][0]	ary[1][2][0]	ary[2][1][0]	ary[2][1][1]	ary[2][1][2]
ary[1][3][0]	ary[2][2][0]	ary[2][2][1]	ary[2][2][2]
ary[2][3][0]	ary[2][3][1]	ary[2][2][2]

```c
#include <stdio.h>
#include <stdlib.h>
#include <time.h>

int main(void)
{
    srand(time(NULL));
    int ary[3][4][3];
    int total = 0;          // 전체 합계
    int sum[3] = { 0 };     // 각 반의 합계

    for (int i = 0; i < 3; i++)
        for (int j = 0; j < 4; j++)
            for (int k = 0; k < 3; k++)
                ary[i][j][k] = rand() % 100 + 1;

    for (int i = 0; i < 3; i++)
        for (int j = 0; j < 4; j++)
            for (int k = 0; k < 3; k++)
            {
                total += ary[i][j][k];
                sum[i] += ary[i][j][k];
            }

    printf("전체 평균 : %f \n", (double) total / (3 * 4 * 3));
    for (int i = 0; i < 3; i++)
        printf("%d반 평균 : %f \n", i + 1, (double) sum[i] / (4 * 3));
}
```

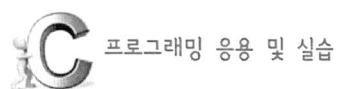

─ 3차원 배열의 각 원소에 대한 접근 시에는 3중 for 문을 많이 사용한다.

2단계 ┃ 이 정도는 눈 감고도 만들 수 있다.

문제 1   1차원 배열의 값들 중 최댓값 구하기: 총 10개의 요소로 이루어진 int 타입의 1차원 배열을 선언하고 1부터 100 사이의 무작위 값으로 채워 보라. 그리고 각 요소의 값들 중 가장 큰 값을 찾아 출력하라.

• 실습 및 프로그래밍 절차

─ int 타입의 1차원 배열을 선언한다.

─ 각 요소의 값으로 1부터 100 사이의 무작위 값을 대입한다.

─ 현재까지의 최댓값을 저장할 변수를 선언하고 0으로 초기화 한다.

─ 첫 번째 요소부터 마지막 요소까지 값을 점검하면서 현재까지의 최댓값보다 큰 값이 나오면 최댓값을 갱신한다.

─ 최댓값을 출력한다.

문제 2   2차원 배열의 각 행 별 최댓값 구하기: 3행 5열로 이루어진 int 타입의 2차원 배열을 선언하고 1부터 100 사이의 무작위 값으로 채워 보라. 그리고 각 행 별로 가장 큰 값을 찾아 출력하라.

• 실습 및 프로그래밍 절차

─ 2차원 배열을 선언한다.

─ 각 요소의 값으로 1부터 100 사이의 무작위 값을 대입한다.

─ 각 행 별로 최댓값을 찾아 출력한다. (각 행에 대해)

  ▷ 현재까지의 최댓값을 저장할 변수를 선언하고 0으로 초기화 한다.

  ▷ 첫 번째 요소부터 마지막 요소까지 값을 점검하면서 현재까지의 최댓값보다 큰 값이 나오면 최댓값을 갱신한다.

  ▷ 최댓값을 출력한다.

3단계 | 조금만 생각하면 이 정도는 쉽게 만들 수 있다.

문제 1 크기 순으로 정렬하기: 총 10개의 요소로 이루어진 int 타입의 1차원 배열을 선언하고 1부터 100 사이의 무작위 값으로 채워 보라. 그리고 각 요소의 값들을 오름차순으로 정렬한 후 모든 요소들의 값을 출력하여 확인해 보라.

- 참고 사항
  - 일련의 숫자들을 오름차순 또는 내림차순으로 정렬하는 방법에는 버블 정렬, 선택 정렬, 삽입 정렬 등 여러 가지가 있다.
  - 다음과 같은 단순한 방법을 사용할 수도 있다. 이 방법은 버블 정렬과 비슷하나 버블 정렬은 큰 숫자부터 마지막으로 옮겨놓지만 다음 방법은 작은 숫자부터 첫 번째 위치로 옮겨놓게 된다.
    ▹ 첫 번째 요소를 기준으로 다음 과정을 수행한다.
  - 첫 번째 요소와 두 번째 요소를 비교한다.
  - 두 번째 요소가 첫 번째 요소보다 작다면 두 요소의 값을 서로 교환한다.
  - 첫 번째 요소와 세 번째 요소를 비교한다.
  - 세 번째 요소가 첫 번째 요소보다 작다면 두 요소의 값을 서로 교환한다.
  - 이와 같은 과정을 마지막 요소까지 수행한다.
    ▹ 두 번째 요소를 기준으로 마지막 요소까지 위 과정을 수행한다.
    ▹ 세 번째 요소를 기준으로 마지막 요소까지 위 과정을 수행한다.
    ▹ …
    ▹ (마지막－1) 번째 요소를 기준으로 마지막 요소까지 위 과정을 수행한다.

- 실습 및 프로그래밍 절차
  - int 타입의 1차원 배열을 선언한다.
  - 각 요소의 값으로 1부터 100 사이의 무작위 값을 대입한다.
  - 정렬 알고리즘에 따라 요소의 값들을 정렬한다.
    ▹ 중첩 for 문을 사용하면 비교적 쉽게 구현이 가능하다.
    ▹ 버블 정렬 알고리즘에 대해 학습한 후 이 알고리즘을 사용하여 구현해 보라.
  - 모든 요소의 값을 출력하여 오름차순으로 정렬되어 있는지 확인한다.

문제 2 행렬의 곱셈 구하기: 2행 3열로 이루어진 행렬 A와 3행 4열로 이루어진 행렬 B가 있다. 행렬 A와 B를 곱하면 2행 4열의 행렬이 나오게 된다. A와 B의 요소들의 값을 1부터 10까지의 무작위 값으로 초기화한 후 A×B의 결과를 출력해 보라. 검증을 위해 행렬 A와 행렬 B 그리고 행렬 A×B를 모두 출력해 보라.

• 참고 사항

 – 행렬의 곱셈에 대해 살펴본다. 다음과 같은 행렬 A와 B를 곱한다고 가정하자. 곱셈 결과 (1행 1열)의 값은 A의 1행 요소들과 B의 1열의 요소들의 곱셈의 합($1 \times 0 + 2 \times 1 + 0 \times 3$)으로 만들어진다. (1행 2열)의 값은 A의 1행 요소들과 B의 2열의 요소들의 곱셈의 합($1 \times 1 + 2 \times 2 + 0 \times 0$)으로 만들어진다. 이와 같이 (m행 n열)의 값은 A의 m행의 요소들과 B의 n열의 요소들의 곱셈의 합으로 만들어지게 된다.

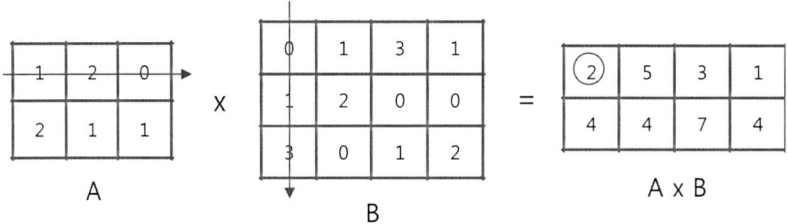

• 실습 및 프로그래밍 절차

 – A 행렬에 해당하는 2차원 배열을 만든다. 요소의 값으로는 1~10 사이의 무작위 값으로 채운다.

 – B 행렬에 해당하는 2차원 배열을 만든다. 요소의 값으로는 1~10 사이의 무작위 값으로 채운다.

 – A×B의 결과를 저장할 2차원 배열 C를 만든다.

 – 반복문을 적절히 사용하여 행렬 곱셈 방식에 따라 A와 B의 곱을 계산하여 배열 C에 저장한다.

 – A, B, C의 값을 출력한다.

• 실행 예

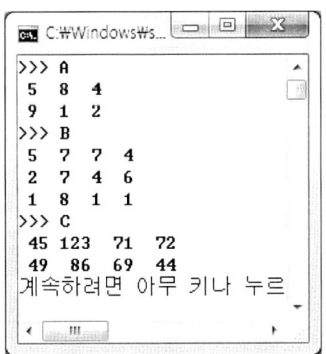

문제 1   인공지능 미로 탈출 프로그램 만들기: 2차원 배열로 표현되는 미로가 있다. 컴퓨터가 무작위로 동, 서, 남, 북을 선택하여 주인공의 위치를 변경시켜 탈출하는 프로그램을 만들어 보라.

• 참고 사항

– 2차원 배열로 구성된 미로의 지도는 다음과 같다.

```
int map[10][10] = { {1, 1, 1, 1, 1, 1, 1, 1, 1, 1},
                    {1, 0, 0, 1, 0, 0, 1, 2, 0, 1},
                    {1, 0, 2, 1, 0, 0, 0, 0, 0, 1},
                    {1, 0, 1, 0, 0, 0, 1, 1, 0, 1},
                    {1, 0, 1, 1, 1, 0, 1, 0, 0, 1},
                    {1, 0, 0, 0, 1, 0, 1, 1, 0, 1},
                    {1, 0, 1, 0, 1, 0, 1, 0, 0, 1},
                    {1, 0, 2, 0, 0, 0, 1, 0, 0, 1},
                    {1, 0, 0, 1, 0, 0, 1, 1, 3, 1},
                    {1, 1, 1, 1, 1, 1, 1, 1, 1, 1} };
```

▷ 배열 요소의 값 중 1은 벽을 의미하며, 2는 함정을, 3은 출구를 의미한다. 그리고 주인공의 위치는 P로 표기하도록 한다. 주인공의 초기 위치는 (1, 1), 즉, map[1][1]인 것으로 가정한다.

- 컴퓨터는 동, 서, 남, 북을 각각 정수를 사용하여 무작위로 선택한다.
- 컴퓨터의 방향 선택 결과에 따라 화면을 갱신할 수 있어야 한다.
  ▹ 이동 결과가 벽인 경우 해당 방향으로의 이동이 불가능하다.
  ▹ 함정이 있는 위치로의 이동은 가능하나 함정으로 이동하면 HealthPoint가 100씩 줄어들게 되고 HealthPoint가 0이 되면 출구 찾기는 실패로 끝나게 된다. HealthPoint의 초기값은 200으로 설정한다.
  ▹ 출구로 이동하게 되면 성공 메시지를 출력하고 프로그램은 종료된다.
  ▹ 이동 시마다 현재까지 이동한 횟수를 출력한다.

• 실습 및 프로그래밍 절차
- 미로, 주인공의 현재 위치를 저장하기 위한 변수를 만들고 초기화한다.
- 미로와 주인공의 현재 위치를 출력하고 이동 방향을 무작위로 생성한다.
- 이동 방향에 따라 이동 후 현재 위치의 상황에 따라 적절한 기능을 수행한다.
  ▹ 벽인 경우 이동 취소
  ▹ 함정인 경우 함정 HealthPoint 감소. HealthPoint가 0인 경우 종료
  ▹ 이동 횟수 증가
  ▹ 출구인 경우 프로그램 종료

• 실행 예

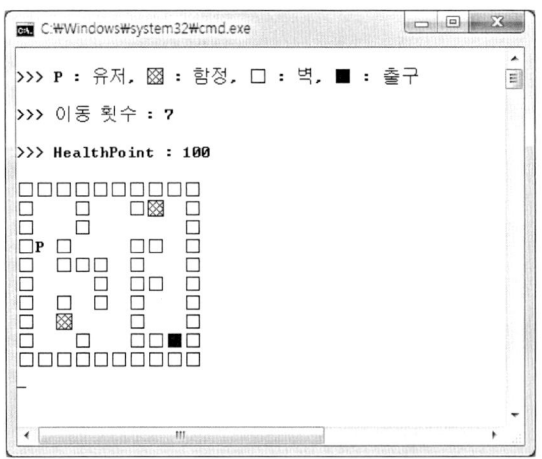

다음 양식에 따라 각 문제에 대한 실습 결과 보고서를 작성한다.

학과		학번		이름	
학년		작성일시		담당교수	
실습 단계		문제			
문제 분석	무엇을 만들고자 하는지를 파악하고 설명한다.				
학습 내용	실습 과정에서 필요한 기술적 요소에 대해 기술한다.				
알고리즘 기술	프로그램 전체 또는 핵심 부분에 대한 알고리즘을 기술한다. 이때 순서도나 의사 코드를 사용할 수도 있지만 보다 자유로운 형식으로 기술할 수도 있다. 각 문제 별로 제시한 내용을 참고하라.				
프로그램 구현	소스 코드의 분량이 적을 경우에는 소스 코드 전체를 기술한다. 다만 소스 코드의 분량이 많을 경우에는 주요 소스 코드만 첨부하며 전체 소스 코드는 별첨으로 첨부한다.				
실행 결과	실행 결과 화면을 첨부하며 실행 방법 및 실행 결과에 대해 설명한다.				
종합 분석	본 실습을 통해 습득한 능력 및 느낀 점을 기술한다.				

포인터 기초

학습 내용   포인터의 이해, 포인터와 배열, 포인터와 함수

학습 목표
- C 메모리 구조에 대해 이해한다.
- 포인터의 기본 개념에 대해 이해한다.
- 주소 연산자(&)와 역참조 연산자(*)를 사용할 수 있다.
- 포인터 연산에 대해 이해하고 활용할 수 있다.
- 포인터와 1차원 배열의 관계를 이해한다.
- 포인터 배열에 대해 이해하고 활용할 수 있다.
- 함수의 인자로 배열을 전달할 수 있다.
- 참조에 의한 전달에 대해 이해하고 활용할 수 있다.

1단계 | 이 정도는 눈 감고도 설명할 수 있다.

◀ C 메모리 구조 ▶

- 실행 중인 프로그램을 프로세스라 한다. 따라서 하나의 프로그램이라 하더라도 여러 번 실행되면 여러 개의 프로세스가 된다.

- 하나의 프로그램이 실행되면 그 프로세스를 위한 메모리가 생성된다. 메모리는 총 4개 영역으로 나뉜다.

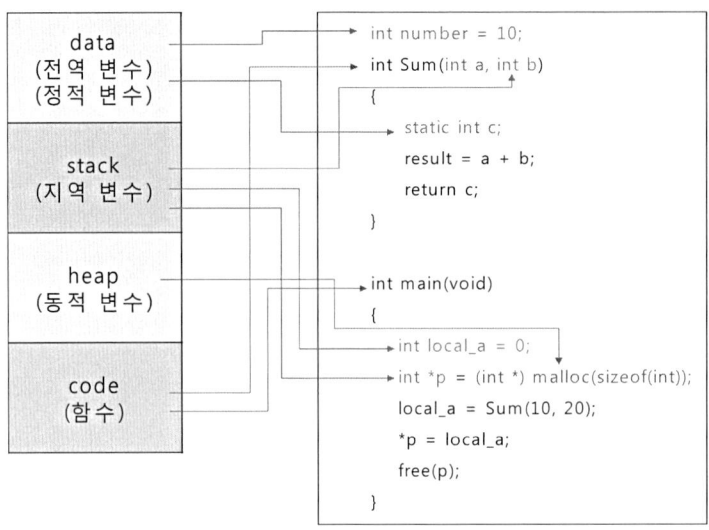

- 데이터 영역: 전역 변수와 정적 변수가 저장되는 영역

- 스택 영역: 지역 변수가 저장되는 영역

- 힙 영역: 동적으로 생성된 변수가 저장되는 영역

- 코드 영역: 함수 코드가 저장되는 영역

• 중요: 변수와 함수 모두 메모리에 저장된다!!!

• 메모리는 1바이트 단위로 주소가 붙게 된다.

- 프로세스 당 메모리의 크기는 2^{32}바이트, 즉 4기가바이트이다.

- 주소는 0번지 시작하여 $(2^{32} - 1)$번지까지 있으며, 메모리 번지는 4바이트(32비트)로 표현된다.

• 변수는 메모리를 차지하며 타입에 따라 차지하는 바이트 크기가 다르다. 함수 역시 메모리를 차지한다.

- int: 4바이트, char: 1바이트, float: 4바이트, double: 8 바이트

- 예: int num;의 시작 주소가 1000번지라면, num이 저장되는 영역은 1000번지부터 100

◀ 포인터의 기본 개념 ▶

• int num; 변수의 시작 주소가 1000번지라고 가정하자. num 변수의 시작 주소를 변수에 저장할 수는 없을까? → 포인터 변수

• 포인터 변수란 주소값을 저장하기 위한 변수이다.

- 포인터란 num의 시작 주소값(1000)과 같은 포인터 상수와 포인터 변수를 모두 포함하는 개념이다.
- 비교) 100과 int num 변수 모두 int 타입에 포함된다.

- 포인터의 용도는 다음과 같다. 이에 대해서는 이번 주차 및 9주차에 다루게 된다.
  - 함수의 매개변수 전달: 참조에 의한 전달
  - 메모리 동적 할당

- 중요: 포인터 변수도 변수이며 메모리를 차지하게 된다. 주소는 4바이트로 표현되므로 모든 포인터 변수의 바이트 크기 또한 4바이트이다.

- 포인터 변수의 선언: 포인터 변수의 타입은 저장하는 주소에 있는 변수의 타입과 관련된다.
  - int *p1: 포인터 변수 p1에는 int 변수의 시작 주소를 저장한다.
  - double *p: 포인터 변수 p2에는 double 변수의 시작 주소를 저장한다.
  - int **p3: 포인터 변수 p3에는 int 포인터 변수의 시작 주소를 저장한다.
  - 따라서, 포인터 변수의 타입은 무수히 많다.

주소 연산자(&)와 역참조 연산자(*)

- 변수가 저장되어 있는 메모리의 시작 주소값은 주소 연산자(&)를 사용하여 알아낼 수 있다.
  - int num; printf("%d", &num);   // num의 시작 주소가 출력됨
  - int *p = #   // int 포인터 변수 p에 num의 시작 주소가 저장됨

- 보통 어떤 변수를 가리키기 이전의 포인터 변수의 초기값으로 NULL 포인터 상수값을 지정한다. 원래 NULL은 0의 값을 가지고 있는 int * 타입의 상수값으로 어떤 타입의 포인터 변수로도 대입이 가능하다.
  - int *p = NULL;   // p의 값은 0이 됨

- 주소값에도 타입이 있다. 즉 해당 변수 타입의 주소(포인터) 타입이 된다.
  - int num1;   // &num1 => int의 주소 => int *
  - double num2;   // &num2 => double의 주소 => double *
  - int *p;   // &p => int *의 주소 => int **
  - int ary1[3];   // &ary1 => (int [3])의 주소 => int (*)[3]
  - int ary2[3][4];   // &ary2 => (int [3][4])의 주소 => int (*)[3][4]

- 포인터 변수에 역참조 연산자(*)를 적용하면 현재 가리키고 있는 변수(해당 주소에 있는 변수) 그 자체가 된다.

```c
#include <stdio.h>

int main(void)
{
    int num = 3;
    int *p = &num;
    *p = 100;               // num = 3; 과 동일한 효과

    printf("%d, %d \n", num, *p);
}
```

◀ 포인터 연산 ▶

- 포인터 변수 또는 상수에 대해서는 덧셈과 뺄셈 연산만 가능하다.
  - int num; int *p = #
  - p++; p--;   // 가능
  - p = p + 1;   // 가능
  - p = p - 2;   // 가능
  - p += 3;   // 가능
  - p = p * 2;   // 불가능

- p의 값이 1000일 때 (p + 1)의 결과는 1001일 수도 있고 아닐 수도 있다. "+ 1"의 결과로 포인터 변수 p의 값은 p가 가리키고 있는 주소를 기준으로 해당 타입의 다음 값이 있는 주소가 된다. 따라서 (p + 1)의 결과는 포인터의 타입에 따라 달라진다.
  - int *p1 = NULL; p1++;   // p1의 값은? 4 (int는 4바이트니까)
  - double *p2 = NULL; p2++;   // p2의 값은? 8 (double은 8바이트니까)
  - char *p3 = NULL; p3++;   // p3의 값은? 1 (char는 1바이트니까)
  - int **p4 = NULL; p4++;   // p4의 값은? 4 (int *는 4바이트니까)

- 포인터 변수의 값(가리키는 곳)에 정당하게 할당된 변수가 없다면 절대 역참조 연산자를 사용하면 안 된다.
  - int num = 3; int *p = # *p = 100;   // OK
  - p++; *p = 200;   // No! p가 가리키는 곳에 뭐가 있는데?

◀ 포인터와 1차원 배열의 관계 ▶

- 배열 요소들은 순서대로 연속적인 메모리 상에 자리를 잡게 된다.
  - int ary[5];의 첫 번째 요소의 시작 주소가 1000번지라면 두 번째 요소의 시작 주소는 1004번지이다.

- 배열 이름은 첫 번째 요소의 주소값을 의미한다. 즉, 첫 번째 요소를 가리키는 포인터 변수와 같다. 단, 실제 포인터 변수와는 달리 상수 개념으로 값을 변경할 수 없다.
  - int ary1[5];   // ary1는 ary1[0]의 주소 → int * 타입
    ▹ (ary1 + 1)의 값은? ary1[1]의 시작 주소
  - double ary2[5];   // ary2는 ary2[0]의 주소 → double * 타입

- 포인터 변수로 배열의 요소를 가리킬 수 있다. 포인터 연산을 함께 사용하면 포인터 변수를 통해 각 요소를 차례로(또는 필요에 따라 특정 요소를) 가리킬 수 있다. 배열의 시작 주소가 1000번지라고 가정한다.

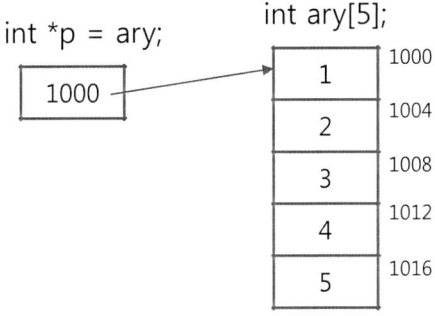

```
#include <stdio.h>

int main(void)
{
    int ary[5] = { 1, 2, 3, 4, 5 };
    int *p = ary;          // int *p = &ary[0]; 과 동일

    for (int i = 0; i < 5; i++)
    {
        printf("%d \n", *p);
        p++;               // 다음 요소를 가리킴
    }
}
```

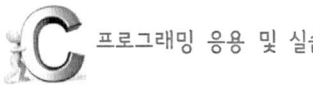

- 배열 이름이 포인터와 동일한 기능을 하듯이, 포인터 변수 또한 배열처럼 사용할 수 있다.
  - p[0]은 *p와 같다.
  - p[1]은 *(p + 1)과 같다.

```c
#include <stdio.h>

int main(void)
{
    int ary[5] = { 1, 2, 3, 4, 5 };
    int *p = ary;          // int *p = &ary[0]; 과 동일

    for (int i = 0; i < 5; i++)
        printf("%d \n", p[i]);
}
```

◀ 포인터 배열 : 포인터 변수를 요소로 갖는 배열 ▶

- 배열의 요소로는 어떤 타입이든 가능하다.
  - int ary1[5]; double ary2[5]; char ary3[5];

- 배열의 요소로 int * 타입 역시 가능하다.
  - int *ary[5];
  - ary[0], ary[1], ary[2], ary[3], ary[4]의 변수 타입이 int *이다.

```c
#include <stdio.h>

int main(void)
{
    int ary[5] = { 1, 2, 3, 4, 5 };
    int *p[5];

    for (int i = 0; i < 5; i++)
        p[i] = &ary[i];           // 포인터 배열의 각 요소로 배열 요소 가리킴

    for (int i = 0; i < 5; i++)
        printf("%d \n", *p[i]);
}
```

◀ 함수의 인자로 배열 전달하기 ▶

• 배열을 값에 의한 전달로 전달하는 방법은 없다. 배열 사이의 대입 또한 불가능하다.

• 따라서 배열의 첫 번째 원소의 주소를 매개변수로 전달한 후 포인터 변수에 대입하여 각 원소에 접근할 수 있다.
  - 이때 배열 요소의 개수를 알 수 없으므로 배열 요소의 개수를 함께 전달해야 한다.

```c
#include <stdio.h>

int Sum(int *p, int count)              // int Sum(int p[], int count)와 동일
{
    int result = 0;

    for (int I = 0; I < count; I++)
        result += p[i];                 // 포인터는 배열처럼 사용 가능

    return result;
}

int main(void)
{
    int ary[5] = { 1, 2, 3, 4, 5 };
    int result = Sum(ary, 5);
    printf("합계 : %d \n", result);
}
```

• 참고로 포인터 변수와 배열에 각각 sizeof 연산자를 적용하면 포인터 변수의 경우 항상 4가 반환되면 배열의 경우 해당 배열의 전체 바이트 수가 반환된다.
  - int ary[5]; printf("%d", sizeof(ary));   // 20
  - int *p = ary; printf("%d", sizeof(p));   // 4

◀ 참조에 의한 전달 ▶

• 매개변수 전달 방식에는 값에 의한 전달(call-by-value)과 참조에 의한 전달(call-by- reference)가 있다.
  - 값에 의한 전달: 형식매개변수로 실매개변수의 값을 전달한다. 형식매개변수의 값을 변경하더라도 실매개변수의 값은 변경되지 않는다.
  - 참조에 의한 전달: 실매개변수의 주소값을 전달하며 형식매개변수로는 포인터 변수를 사용한다. 형식매개변수인 포인터 변수를 통해 실매개변수의 값을 변경할 수 있다.

▷ 앞서 살펴본 배열 첫 번째 요소의 주소를 전달하는 것도 참조에 의한 전달의 일종
이다.

예제   int 변수 num1과 num2가 있다. num1의 값과 num2의 값을 서로 교환하는 함수
       Swap을 작성해 보라.

```c
#include <stdio.h>

void Swap(int *n1, int *n2)
{
    int temp = *n1;
    *n1 = *n2;
    *n2 = temp;
}

int main(void)
{
    int num1 = 3, num2 = 4;
    Swap(&num1, &num2);

    printf("num1 = %d \n", num1);
    printf("num2 = %d \n", num2);
}
```

- num1과 num2의 주소를 전달하고 있으며, 이 값을 포인터 변수 n1과 n2로 받고 있다.
  따라서 *n1은 num1과 동일한 의미가 되고 *n2는 num2와 동일한 의미가 된다.

• scanf 함수 호출 시 주소 연산자 &를 사용하는 이유 역시 참조에 의한 전달을 해야만
  scanf 함수 내에서 전달된 실매개변수의 값을 변경할 수 있기 때문이다.

2단계 ┃ 이 정도는 눈 감고도 만들 수 있다.

문제 1   배열 요소 중 최댓값 반환하기: double 변수를 요소로 갖는 1차원 배열을 매개
         변수로 전달받아 요소들 중 최댓값을 반환하는 함수 Max를 만들어 보라. 다음
         과 같은 main 함수가 동작할 수 있으면 된다.

```
int main(void)
{
    double ary1[5] = { 5.3, 1.4, 7.9, 0.4, -4.5 };
    double ary2[3] = { -4.3, -1.5, -10.7 };

    printf("ary1의 최댓값 : %f \n", Max(ary1, 5));
    printf("ary2의 최댓값 : %f \n", Max(ary2, 3));
}
```

▸ 실행 결과

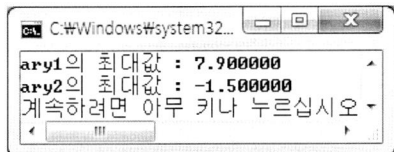

```
ary1의 최대값 : 7.900000
ary2의 최대값 : -1.500000
계속하려면 아무 키나 누르십시오
```

- 실습 및 프로그래밍 절차
  - 매개변수로 double *와 int를 받고 double 값을 반환하는 Sum 함수를 만든다.
  - 최댓값을 저장할 변수를 선언한다.
  - 반복문을 사용하여 더 큰 값이 나올 때마다 최댓값 변수를 갱신한다.
  - 최댓값 변수의 값을 반환한다.

문제 2   변수값 교환하기: int num1, int num2이 있다. 사용자로부터 두 변수의 값을
         읽어 들이고 MinMax라는 함수를 통해 num1에는 num1과 num2의 값 중 작은
         값을 넣고 num2에는 큰 값을 넣어 보라. Sort 함수를 수행하고 난 후 num1과
         num2의 값을 출력하면 항상 num1의 값이 num2의 값보다 같거나 작아야 한다.

- 실습 및 프로그래밍 절차
  - int 변수 num1과 num2를 선언한다.
  - 사용자로부터 num1과 num2의 값을 읽어 들인다.
  - MinMax 함수를 호출하되 참조에 의한 전달을 사용한다.
  - MinMax 함수에서는 int * 변수로 매개변수를 전달받고 이 변수를 사용하여 작은 값
    을 num1에 큰 값을 num2에 대입한다.

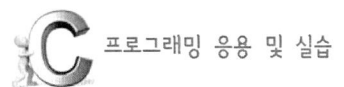

3단계 | 조금만 생각하면 이 정도는 쉽게 만들 수 있다.

문제 1   배열값을 크기 순으로 정렬하기: int 타입의 1차원 배열을 선언하고 1부터 100 사이의 무작위 값으로 채워 보라. 그리고 각 요소의 값들을 오름차순으로 정렬한 후 모든 요소들의 값을 출력하여 확인해 보라. 단, 오름차순으로 정렬하는 기능은 Sort라는 함수를 만들어 수행토록 하라.

• 참고 사항
  - 본 문제는 6주차(배열) 3단계 문제1과 매우 유사하다. 정렬 기능을 별도의 함수를 통해 구현하는 것을 제외하면 사실상 동일하다고 할 수 있다. 따라서 정렬 방법에 대해서는 6주차 문제를 참고하면 된다.
  - main 함수를 통해 다양한 크기의 배열에 대해 Sort 함수를 적용해 보라.
  - 두 요소의 값을 교환하려면 Swap 함수의 기능이 필요할 수 있다. Swap 함수를 별도로 만들고 이 함수를 활용하라.

• 실습 및 프로그래밍 절차
  - int 타입의 1차원 배열을 선언한다.
  - 각 요소의 값으로 1부터 100 사이의 무작위 값을 대입한다.
  - Sort 함수 호출 시 배열과 배열의 크기를 매개변수로 전달한다.
    ▹ Sort 함수에서는 정렬 알고리즘에 따라 요소의 값들을 정렬한다.
  - 1차원 배열의 값을 출력하여 오름차순으로 정렬되어 있는지 확인한다.
  - 또 다른 크기의 1차원 배열에 대해서도 이상의 과정에 따라 테스트한다.

문제 2   배열값을 역순으로 정렬하기: int 타입의 1차원 배열을 선언하고 1부터 100 사이의 무작위 값으로 채운다. 그리고 1차원 배열의 값을 출력한다. 다음으로는 각 요소의 값들을 역순으로 재정렬한 후 모든 요소들의 값을 출력하여 확인해 보라. 단, 역순으로 재정렬하는 기능은 Reverse라는 함수를 만들어 수행토록 하라.

• 참고 사항
  - 문제 1과 매우 유사한 문제이다. 역순으로 재정렬하기 위한 알고리즘을 스스로 생각하고 만들어 보라.

- 두 요소의 값을 교환하려면 Swap 함수의 기능이 필요할 수 있다. Swap 함수를 별도로 만들고 이 함수를 활용하라.

• 실습 및 프로그래밍 절차

- int 타입의 1차원 배열을 선언한다.
- 각 요소의 값으로 1부터 100 사이의 무작위 값을 대입한다.
- 배열 요소들의 값을 출력한다.
- Reverse 함수 호출 시 배열과 배열의 크기를 매개변수로 전달한다.
  ▷ Reverse 함수에서는 요소의 값들을 역순으로 재정렬한다.
- 배열 요소들의 값을 출력한다.

문제 3   특정 패턴의 1차원 배열 만들기: int 타입의 1차원 배열을 선언하고 Pattern 함수를 호출할 때 배열과 배열의 크기를 전달한다. Pattern 함수에서는 배열의 가운데 요소에 1의 값을 대입하고 양쪽으로 인접한 요소에 +1의 값을 배정하여 배열의 모든 요소의 값을 채워 보라. 요소의 개수가 짝수일 경우에는 가운데 2개의 요소 값이 1이 된다.

• 참고 사항

- 반드시 가운데 요소부터 값을 배정할 필요는 없다. 배열의 크기에 따라 첫 번째 요소의 값이 무엇인지 알 수 있다면 비교적 쉽게 해결할 수 있다.

• 실습 및 프로그래밍 절차

- int 타입의 1차원 배열을 선언한다.
- Pattern 함수 호출 시 배열과 배열의 크기를 매개변수로 전달한다.
  ▷ Pattern 함수에서는 문제에서 요구한 패턴대로 값을 채운다.
- 배열 요소들의 값을 출력한다.
- 또 다른 배열에 대해서도 동일한 과정을 반복한다.

• 실행 예

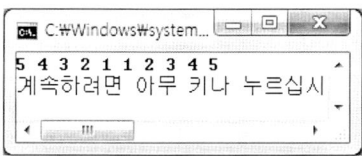

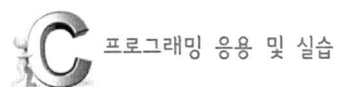

4단계 ┃ 나도 이런 프로그램을 만들 수 있다.

문제 1 배열 요소를 무작위로 재정렬하기: 1차원 배열이 있다. 이 배열의 요소 값들은 오름차순으로 정렬되어 있을 수도 있고 내림차순으로 정렬되어 있을 수도 있으며 임의의 값으로 채워져 있을 수도 있다. Shuffle 함수를 통해 배열을 전달하면 요소의 값들을 무작위 순서로 재정렬한다. main 함수를 통해 다양한 1차원 배열에 대해 Shuffle 함수를 실행해 보라.

- 참고 사항

  - 무작위 순서로 재정렬하는 방법은 여러 가지가 있을 수 있다. 어떻게 하면 현재 요소 값들을 효과적으로 섞을 수 있을지 알고리즘을 생각해 보라.

- 실습 및 프로그래밍 절차

  - int 타입의 1차원 배열을 선언한다.

  - 배열 요소들의 값을 출력한다.

  - Shuffle 함수 호출 시 배열과 배열의 크기를 매개변수로 전달한다.

    ▷ Shuffle 함수에서는 요소 값들을 무작위로 재정렬한다.

  - 배열 요소들의 값을 출력한다.

  - 또 다른 배열에 대해서도 동일한 과정을 반복한다.

실습 보고서

다음 양식에 따라 각 문제에 대한 실습 결과 보고서를 작성한다.

학과		학번		이름	
학년		작성일시		담당교수	
실습 단계		문제			
문제 분석	무엇을 만들고자 하는지를 파악하고 설명한다.				
학습 내용	실습 과정에서 필요한 기술적 요소에 대해 기술한다.				
알고리즘 기술	프로그램 전체 또는 핵심 부분에 대한 알고리즘을 기술한다. 이때 순서도나 의사 코드를 사용할 수도 있지만 보다 자유로운 형식으로 기술할 수도 있다. 각 문제 별로 제시한 내용을 참고하라.				
프로그램 구현	소스 코드의 분량이 적을 경우에는 소스 코드 전체를 기술한다. 다만 소스 코드의 분량이 많을 경우에는 주요 소스 코드만 첨부하며 전체 소스 코드는 별첨으로 첨부한다.				
실행 결과	실행 결과 화면을 첨부하며 실행 방법 및 실행 결과에 대해 설명한다.				
종합 분석	본 실습을 통해 습득한 능력 및 느낀 점을 기술한다.				

포인터 활용 (1)

학습 내용 포인터의 포인터, 다차원 배열과 포인터

학습 목표
- 포인터 변수에 대한 포인터에 대해 이해하고 활용할 수 있다.
- 포인터 변수에 대한 포인터를 확장한 다중 포인터에 대해 이해한다.
- 2차원 배열의 특성에 대해 이해한다.
- 2차원 배열의 이름이 무엇을 뜻하는지 이해한다.
- int (*var)[4]와 int *var[4]의 차이에 대해 이해한다.
- 함수의 인자로 2차원 배열을 전달할 수 있다.
- 복잡한 포인터 또는 배열에 대한 해석 방법에 대해 이해한다.

1단계 ┃ 이 정도는 눈 감고도 설명할 수 있다.

◀ 포인터 변수에 대한 포인터 ▶

- 복습: int 변수의 주소를 저장하는 포인터 변수는 int 포인터 변수이다.

  – int num; int *p = # *p = 100;

- "포인터 변수 또한 변수이다"라는 점만 명심하면 된다. 따라서 포인터 변수는 메모리를 차지하게 되고 주소 연산자(&)를 통해 포인터 변수의 시작 주소를 알 수 있다. 또한 int * 변수의 주소를 저장하는 포인터 변수는 int 포인터의 포인터 변수가 된다.

  – int num; int *p1 = # int **p2 = &p1; **p2 = 100;

  – int ** 변수를 포인터 변수에 대한 포인터 또는 더블 포인터(이중 포인터)라 한다.

예제　포인터 변수 p는 초기값으로 전역변수 num1을 가리키고 있다. Change 함수를
실행시키면 현재 num1을 가리키고 있는 경우 num2를 가리키도록, num2를 가
리키고 있는 경우 num1을 가리키도록 만들어 보라.

```c
#include <stdio.h>

int num1 = 100;
int num2 = 200;

void Change(int *pp)
{
    if (*pp == &num1)
        *pp = &num2;
    else
        *pp = &num1;
}

int main(void)
{
    int *p = &num1;
    Change(p);

    printf("%d \n", num, *p);
}
```

- 만약 Change(p)와 같이 호출하면 Change 함수 내에서 p의 값을 변경시킬 방법이 없
  다(값에 의한 전달을 잘 생각해 보라). 따라서 Change(&p)와 같이 p의 주소를 전달
  하였다.
- Change 함수에서는 int * 변수의 주소가 넘어오고 있으므로 int ** 변수로 값을 받았다.
  이때 *pp가 바로 p와 동일한 변수가 된다.

◀ 다중 포인터 ▶

- 더블 포인터(예, int **) 또한 변수이므로 메모리를 차지하게 되고, 주소 연산자(&)를 사
  용하여 더블 포인터 변수의 시작 주소를 알 수도 있으며 이 주소값을 int *** 변수에
  저장할 수도 있다. 즉, 더블 포인터의 주소의 타입은 int ***가 된다.
  - int num; int *p1 = # *p1 = 100;　　// num = 100;과 동일
  - int **p2 = &p1; **p2 = 200;　　　　　　// num = 200;과 동일
  - int ***p3 = &p2; ***p3 = 300;　　　　　// num = 300;과 동일

- int *** 변수를 삼중 포인터라 하며 이중 포인터 이상의 포인터를 다중 포인터라 한다.

- 기본 원리(int 변수와 int 포인터 변수와의 관계)만 잘 알아두면 다중 포인터에 대한 사용 방법 또한 동일하다.

◀ 2차원 배열의 특성 ▶

- 복습: 1차원 배열의 요소들은 순서대로 연속적인 메모리 상에 자리를 잡게 된다.
  - int ary[5];의 첫 번째 요소의 시작 주소가 1000번지라면 두 번째 요소의 시작 주소는 1004번지이다.

- 2차원 배열의 요소들 또한 연속적인 메모리 상에 자리를 잡게 된다. 단, 행 우선으로 자리잡게 된다. 예를 들어, 2차원 배열 int ary[3][4]의 시작 주소가 1000번지라고 가정하면, ary[0][1]의 주소는 1004번지, ary[1][0]의 주소는 1016번지, ary[2][0]의 주소는 1032번지가 된다.

1000	1004	1008	1012
arr[0][0]	arr[0][1]	arr[0][2]	arr[0][3]

1016	1020	1024	1028
arr[1][0]	arr[1][1]	arr[1][2]	arr[1][3]

1032	1036	1040	1044
arr[2][0]	arr[2][1]	arr[2][2]	arr[2][3]

◀ 2차원 배열과 포인터의 관계 ▶

- 복습: 1차원 배열의 배열 이름은 첫 번째 요소의 주소값을 의미한다.
  - int ary[5];   // ary는 ary[0]의 주소 → int의 주소 → int *
  - int *p = ary;   // p[0], p[1], ... 과 같이 사용 가능

- 2차원 배열의 배열 이름은 첫 번째 요소의 주소값을 의미한다!? 즉, 1차원 배열에서의 의미와 동일하다. 단, 2차원 배열에서 첫 번째 요소란 첫 번째 1차원 배열을 의미함을 명심해야 한다.
  - int ary[3][4];에서 첫 번째 요소는 첫 번째 1차원 배열(int [4])이다.
  - 1차원 배열(int [4])의 주소는 int [4]의 주소이며, 해당 주소의 타입은 int (*)[4]가 된다.
  - int ary[3][4];   int (*p)[4] = ary;   // int (*p)[4] = &ary[0]; 과 동일
    ▹ p[0][0] = 100;은 ary[0][0]과 같이 사용할 수 있다.

- 2차원 배열 int ary[3][4]에서 ary[0], ary[1], ary[2]는 각각 1차원 배열(int [4])을 의미한다.
  - int ary[3][4]; int *p = ary[1];   // p는 ary의 두 번째 1차원 배열의 첫 번째 요소를 가리킨다.
    ▹ p[0]은 ary[1][0]과 같으며, p[1]은 ary[1][1]과 같다.

- 3차원 배열로 확장해 보자.
  - int ary[3][4][5];   int (*p)[4][5] = ary;   p[0][0][0] = 100;
    ▹ 3차원 배열의 첫 번째 요소는 2차원 배열(int [4][5])이다. 따라서 3차원 배열의 이름 타입은 2차원 배열(int [4][5])의 주소, 즉 int (*)[4][5]가 된다.
  - int ary[3][4][5];   int (*p)[5] = ary[1];   p[0][0] = 100;   // ary[1][0][0]과 동일
    ▹ ary[0], ary[1], ary[2]는 각각 2차원 배열(int [4][5])이다.
    ▹ 2차원 배열의 이름은 첫 번째 요소(int [5])의 주소이므로 int (*)[5] 타입이 된다.
  - int ary[3][4][5];   int *p = ary[1][2];   p[0] = 100;   // ary[1][2][0]과 동일
    ▹ ary[0][0], ary[0][1], … 은 각각 1차원 배열(int [5])이다.

- 2차원 배열 이름도 1차원 배열 이름과 같이 포인터처럼 사용할 수 있다. 단, 상수 개념이므로 실제 포인터와 달리 값 변경은 불가능하다. 예를 들어, 2차원 배열 int ary[3][4]가 있을 때,
  - (ary + 1)은 두 번째 1차원 배열의 주소를 의미하며, int (*)[4] 타입과 같다.
  - *(ary + 1)은 두 번째 1차원 배열, 즉 ary[1]과 동일하다.
  - (*(ary + 1) + 2)는 두 번째 1차원 배열, ary[1]의 세 번째 요소의 주소를 의미하며, int* 타입과 같다.
  - *(*(ary + 1) + 2)는 두 번째 1차원 배열의 세 번째 요소, 즉 ary[1][2]와 동일하다.

◀ int (*var)[4]와 int *var[4]의 차이 ▶

- 2차원 배열 int ary[3][4]에서 배열 이름 ary의 타입은 첫 번째 요소(int [4])의 주소와 같으므로 int (*)[4]라고 하였다. 즉 1차원 배열(int [4])에 대한 포인터이다. 그렇다면 int (*var)[4]와 int *var[4]는 어떻게 다른지 알아보자.

- int (*var)[4]에서 var 변수는 포인터 변수이다. 괄호 안부터 타입을 읽으면 된다. 어떤 타입에 대한 포인터인지는 괄호 밖으로 나오면서 읽으면 된다. 즉, var 변수는 1차원 배열(int [4])을 가리키는 포인터이다.

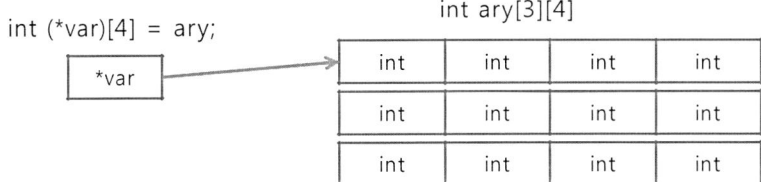

int (*var)[4] = ary;

int ary[3][4]

- int (*p)[4] = NULL;

- p++;의 실행 결과 p의 값은? 그 다음 1차원 배열을 가리키므로 16이 된다.

- 역참조 연산자를 사용한 (*p)는 현재 가리키고 있는 1차원 배열 그 자체가 된다(물론 현재는 0번지를 가리키므로 유효한 1차원 배열을 가리키고 있는 것은 아니다). (*p)[0] 은 현재 가리키고 있는 1차원 배열의 첫 번째 요소를 의미하고, 이는 p[0][0]과 같다.

• int *var[4]를 살펴보자 괄호가 없을 때는 배열부터 읽으면 된다. 따라서 var 변수는 1차 원 배열이다. 그리고 각 요소로는 int * 변수가 들어있다. 즉 int *var[4]는 7주차에 학습 한 포인터 배열을 의미한다.

int *var[4]

| var | int * | int * | int * | int * |

- int *ary[4] = { NULL, NULL, NULL, NULL };

- int num = 3;   ary[0] = #   *ary[0] = 100;   // num = 100과 같다.

- ary[0], ary[1], ary[2], ary[3]이 int * 변수이다.

◀ 함수의 인자로 2차원 배열 전달하기 ▶

• int ary[3][4]에서 배열 이름 ary의 타입은 int (*)[4]이다. 따라서 2차원 배열을 함수의 매 개변수로 전달할 때도 타입에 맞는 변수를 사용하여 전달받아야 한다.

예제   n행 4열로 이루어진 int 2차원 배열을 매개 변수로 전달받아 모든 요소의 값을 합산한 결과를 반환하는 Sum 함수를 작성해 보자.

```c
#include <stdio.h>

int Sum(int (*p)[4], int count)
{
    int result = 0;
```

```
        for (int i = 0; i < count; i++)
            for (int j = 0; j < 4; j++)
                result += p[i][j];

        return result;
    }

    int main(void)
    {
        int ary[3][4] = { { 1, 5, 3, 7 }, { 6, 3, 1, 8 }, { 7, 2, 4, 5 } };
        int result = Sum(ary, 3);

        printf("합계 : %d \n", result);
    }
```

- 전달되는 2차원 배열의 행의 개수가 고정되어 있지 않으므로 Sum 함수에서는 행의 개수를 int 변수(count)로 받고 있다.

• 3행 4열, 7행 4열 뿐만 아니라 3행 6열, 8행 9열로 구성된 2차원 배열에 대해서도 Sum 함수가 동작될 수 있게 하려면 어떻게 해야 할까? int 1차원 배열이든 int 2차원 배열이든 메모리 형태를 보면 int 변수가 일렬로 줄서 있는 형태로 동일하다. 이와 같은 특성을 이용하면 임의의 m행 n열로 이루어진 2차원 배열에 대한 Sum 함수를 쉽게 작성할 수 있다.

```
#include <stdio.h>

int Sum(int *p, int row, int col)
{
    int result = 0;

    for (int i = 0; i < row * col; i++)
        result += p[i];

    return result;
}

int main(void)
{
    int ary[3][4] = { { 1, 5, 3, 7 },{ 6, 3, 1, 8 },{ 7, 2, 4, 5 } };
```

```
    int result = Sum((int *) ary, 3, 4);

    printf("합계 : %d \n", result);
}
```

- 2차원 배열의 시작 주소를 전달하되 int * 타입으로 강제 형변환을 하여 전달하고,
  Sum 함수에서는 int * 타입의 변수로 받는다. 그리고 행의 개수(row)와 열의 개수
  (col)를 함께 전달받은 후 (row * col)개의 1차원 배열로 사용하면 된다.

- 그러나, Sum 함수 내에서 전달된 2차원 배열을 포인터 변수를 통해 2차원 배열처럼
  사용하고자 한다면 메모리 동적 할당 등 보다 복잡한 과정을 거쳐야 한다. 이에 대해
  서는 9장에서 다룬다.

◀ 복잡한 포인터 또는 배열에 대한 해석 방법 ▶

- 복잡한 타입의 변수의 타입을 알아내기 위해서는 변수명과 가까운 것부터 하나씩 차례로
  영어로 읽은 후 우리말로 해석한다. 괄호가 있다면 괄호 내의 요소부터 읽으면 되고
  괄호가 없다면 배열을 우선으로 읽으면 된다.

  - int (*var)[4] : var is a pointer to array[4] of int
    ▹ int 배열[4]을 가리키는 포인터

  - int *var[4] : var is an array[4] of pointer to int
    ▹ int 포인터를 요소로 갖는 1차원 배열[4]

  - int (*var[4])[4][5] : var is an array[4] of pointer to array[4] of array[5] of int
    ▹ int 배열[5]의 배열[4](2차원 배열[4][5])을 가리키는 포인터를 요소로 갖는 1차원 배열[4]

  - int (*(*var)[3])[4] : var is a pointer to array[3] of pointer to array[4] of int
    ▹ int 배열[4]을 가리키는 포인터를 요소로 갖는 배열[3]을 가리키는 포인터

2단계 ▍ 이 정도는 눈 감고도 만들 수 있다.

문제 1   포인터로 최댓값 가리키기: int 1차원 배열 ary와 int * 변수 max가 있다.
         PointMax 함수를 실행시키고 난 후에는 int * 변수가 1차원 배열의 요소들 중
         최댓값이 있는 요소를 가리키도록 PointMax 함수를 완성하라.

```
#include <stdio.h>

void PointMax(                    )
{
}

int main(void)
{
    int ary[5] = { 1, 6, 3, 9, 4 };
    int *max = NULL;

    PointMax(             );

    printf("max : %d \n", *max);
}
```

- 실습 및 프로그래밍 절차
  - 실매개변수로 배열과 배열의 개수 그리고 max가 전달되어야 한다. 이때 max의 경우 반드시 max 주소가 전달되어야 함을 이해해야 한다. 만약 max를 값에 의한 전달로 전달하면 PointMax 함수 내에서 max의 값을 변경할 수 없다.
  - 이에 따라 형식매개변수 역시 max의 주소를 이중 포인터(int **)로 받아야 한다.
  - 이중 포인터를 통해 배열의 요소들 중 최댓값을 가진 요소의 주소를 가리킬 수 있도록 한다.

[문제 2] 매개변수로 2차원 배열 전달하기: n행 4열로 이루어진 int 2차원 배열을 매개변수로 전달받아 각 행 별 최댓값을 모두 합산한 결과를 반환하는 SumMax 함수를 작성하고 테스트해 보라.

- 실습 및 프로그래밍 절차
  - SumMax 함수를 작성한다.
    ▹ n행 4열로 이루어진 2차원 배열은 int (*)[4] 타입의 포인터 변수로 받을 수 있다. 아울러 행의 개수를 함께 받아야 한다.
    ▹ 포인터 변수를 2차원 배열과 동일하게 사용할 수 있다. 각 행 별로 최댓값을 구하고 합산한다.
  - main 함수를 통해 SumMax 함수가 문제없이 동작하는지 확인한다.

문제 1 포인터로 최댓값과 최솟값 가리키기: int 포인터 변수 max와 min은 각각 int 변수 num1과 num2를 가리키고 있다. MaxMin 함수를 실행한 후에는 포인터 변수 max는 num1과 num2 중 최댓값을 가리키고 min은 최솟값을 가리킬 수 있도록 MaxMin 함수를 작성해 보라.

```c
#include <stdio.h>

void MaxMin(                    )
{
}

int main(void)
{
    int num1 = 3, num2 = 4;
    int *max = &num1;
    int *min = &num2;

    MaxMin(          );

    printf("max : %d \n", *max);
    printf("min : %d \n", *min);
}
```

- 참고 사항
  - num1과 num2의 값이 서로 교환되는 것이 아니라, max가 num2를 가리키고 min이 num1을 가리켜야 한다.

- 실습 및 프로그래밍 절차
  - 실매개변수로 max와 min의 주소가 전달되어야 함을 이해해야 한다.
  - 이에 따라 형식매개변수 역시 이중 포인터(int **)로 받아야 함을 이해해야 한다.
  - 2개의 이중 포인터를 통해 최댓값과 최솟값을 판별하고 max가 최댓값의 변수를 가리키고 min이 최솟값의 변수를 가리킬 수 있도록 한다.

문제 2   평균 점수 계산하기: 학생 1명의 점수는 국어, 수학, 영어가 있으며 여러 명
의 점수는 1차원 배열로 표현된다. 예를 들면, 학생 5명의 점수는 5행 3열의
2차원 배열이 된다. 학생들의 국어 평균, 수학 평균, 영어 평균은 3개의 요소
로 이루어진 double 1차원 배열에 저장하려고 한다. 이와 같이 동작하도록
CalcAvg 함수를 작성하라. main 함수의 예는 다음과 같다.

```c
int main(void)
{
    int scores[5][3] = { { 100, 90, 80 }, { 60, 70, 85 }, { 76, 79, 70 },
                         { 100, 100, 95 }, { 85, 80, 90 } };
    double average[3];              // 각 과목의 평균

    CalcAvg(scores, 5, average);       // 과목이 3개인 건 이미 알고 있음

    printf("국어 평균 : %f \n", average[0]);
    printf("수학 평균 : %f \n", average[1]);
    printf("영어 평균 : %f \n", average[2]);
}
```

4단계 ┃ 나도 이런 프로그램을 만들 수 있다.

문제 1   도시 순회하기: n행 2열로 이루어진 2차원 배열이 있다. 하나의 행은 (x, y)
로 표현되며 이는 한 도시의 좌표를 의미한다. 첫 번째 도시로부터 출발하여
현재 도시에서 가장 가까운 도시를 먼저 방문한다고 가정할 때 순회 도시의
좌표를 순서대로 출력하고 총 거리를 출력하라. 마지막으로 방문한 도시에서
다시 첫 번째 도시로 돌아와야 한다. 2차원 배열을 매개변수로 받는 Traverse
함수를 통해 이 기능을 구현한다.

• 참고 사항
 – 두 도시 간의 거리는 직선 거리를 사용한다. 따라서 두 도시 간의 거리를 구하기 위해
   math.h 파일에 포함된 sqrt 함수를 사용하면 된다.
   ▷ sqrt((x1 - x2) * (x1 - x2) + (y1 - y2) * (y1 - y2))
 – 도시의 좌표는 int 타입으로 표현한다.

– 먼저 첫 번째 도시를 기준으로 가장 짧은 거리의 도시를 찾고 해당 도시를 두 번째 도시의 좌표와 교환한다. 그러면 다음으로는 두 번째 도시를 기준으로 이후의 도시들 중 가장 짧은 도시를 찾으면 되고, 해당 도시를 세 번째 도시와 교환한다. 이와 같은 방식으로 가장 짧은 도시를 순차적으로 이동하고 이후의 도시들과 비교하면 된다.

- 실습 및 프로그래밍 절차
  - Traverse 함수를 작성한다.
    ▹ n행 2열로 이루어진 2차원 배열은 int (*)[2] 타입의 포인터 변수로 받을 수 있다. 아울러 도시의 개수를 함께 받아야 한다.
    ▹ for 문 등 반복문과 변수를 적절히 사용하여 현재 도시로부터 가장 짧은 도시를 순차적으로 찾으면서 좌표를 출력한다.
    ▹ 이때 해당 경로의 거리 또한 누적해 나가며 최종적으로 총 거리를 출력한다.
  - main 함수를 통해 Traverse 함수가 정상적으로 동작하는지 확인한다.

- 실행 예

```
int main(void)
{
    int ary[5][2] = { { 1, 2 }, { 8, 2 }, { 2, 3 }, { 2, 4 }, { 5, 5 } };
    Traverse(ary, 5);
}
```

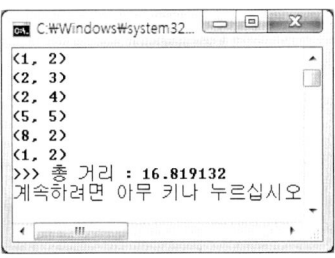

문제 2   퍼즐 맞추기 게임 만들기: 8-puzzle 게임은 무작위로 섞여 있는 1부터 8까지의 숫자를 순서대로 맞추는 게임이다. 총 8개의 숫자와 하나의 공백(0으로 표현)은 3행 3열의 2차원 배열로 표현할 수 있다.

int target_board = { { 1, 2, 3 }, { 4, 5, 6 }, { 7, 8, 0 } };

다음 참고 사항들을 참고하여 퍼즐 맞추기 게임을 만들어 보라.

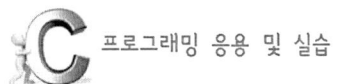

• 참고 사항

– 다음과 같은 함수를 별도로 작성하라.

함수의 기능	함수 프로토타입
퍼즐 판 그리기	void DrawBoard(int (*p)[3]);
무작위로 섞기	void Shuffle(int (*p)[3]);
2개의 변수값 교환	void Swap(int *x, int *y);
키 입력 함수(방향키 조작)	int GetKey(void);
커서 이동	void GotoXY(int x, int y);

▹ 배열에 저장된 값을 출력하기 위해 퍼즐 판을 그리는 함수인 DrawBoard를 작성하라.

▹ Shuffle 함수를 통해 숫자들을 무작위로 섞는다. 이때 0~8의 숫자를 무작위 위치에 위치시켜서는 안 된다. 반드시 공백 숫자(0)를 기준으로 인접한 숫자를 무작위로 선택하고 두 숫자를 교환해야 한다. 수십 회의 교환 작업을 수행하면 충분히 섞인 상태가 될 것이다. 예를 들어, (1)의 경우 초기 상태로부터 공백을 반복적으로 이동하여 만든 것이기 때문에 다시 초기 상태로 복귀가 가능하다. 그러나 (2)의 경우 공백을 움직여 초기 상태로 가는 것이 불가능하다. 이와 같이 0~8의 숫자를 무작위 위치에 위치시키면 초기 상태로 갈 수 없는 상황이 발생할 수 있으므로 반드시 공백을 이동하여 섞어야 한다.

1	2	3
4	5	6
7	8	

초기 상태

	2	6
7	5	4
8	1	3

(1)

1	2	3
4	5	6
8	7	

(2)

▹ Swap 함수를 통해 특정 위치의 변수 2개의 값을 교환한다.

▹ 키 입력 함수인 GetKey 함수는 5주차에 만든 함수를 그대로 사용하면 된다. 방향 키는 공백을 해당 방향으로 이동함을 의미한다.

▹ 그 외에 필요한 함수를 추가할 수 있다.

▹ 퍼즐 판을 새로 그려야 하는 경우 5주차에 배운 GotoXY 함수를 사용하여 이동되는 번호만 다시 출력한다.

  – GetKey 함수와 GotoXY 함수의 사용이 번거로운 경우 scanf 함수를 사용하여 메뉴 방식으로 방향을 입력받고 방향에 따라 값을 변경한 후, 처음부터 모든 위치의 값을 다시 출력하는 방식을 사용할 수도 있다.

• 실습 및 프로그래밍 절차

 – 각 함수를 작성한다.

 – main 함수를 작성한다.

▹ Shuffle 함수를 호출하여 퍼즐 판을 무작위로 섞는다.

▹ DrawBoard 함수를 호출하여 퍼즐 판을 그린다.

▹ 사용자 입력(방향키)을 받아들인다. 그 결과에 따라 board의 상태를 변경하고 변경된 부분을 다시 그린다.

▹ 만약 최종 상태가 되었다면 "성공"을 출력하고 프로그램을 종료한다. 그렇지 않다면 사용자 입력 및 상태 변경을 반복 수행한다.

• 실행 예

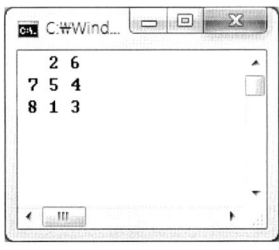 

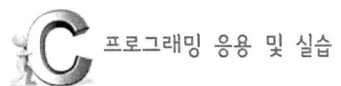

실습 보고서

다음 양식에 따라 각 문제에 대한 실습 결과 보고서를 작성한다.

학과		학번		이름	
학년		작성일시		담당교수	
실습 단계		문제			
문제 분석	무엇을 만들고자 하는지를 파악하고 설명한다.				
학습 내용	실습 과정에서 필요한 기술적 요소에 대해 기술한다.				
알고리즘 기술	프로그램 전체 또는 핵심 부분에 대한 알고리즘을 기술한다. 이때 순서도나 의사 코드를 사용할 수도 있지만 보다 자유로운 형식으로 기술할 수도 있다. 각 문제 별로 제시한 내용을 참고하라.				
프로그램 구현	소스 코드의 분량이 적을 경우에는 소스 코드 전체를 기술한다. 다만 소스 코드의 분량이 많을 경우에는 주요 소스 코드만 첨부하며 전체 소스 코드는 별첨으로 첨부한다.				
실행 결과	실행 결과 화면을 첨부하며 실행 방법 및 실행 결과에 대해 설명한다.				
종합 분석	본 실습을 통해 습득한 능력 및 느낀 점을 기술한다.				

포인터 활용 (2)

학습 내용 함수 포인터와 void 포인터, 메모리 동적 할당

학습 목표
- 함수 포인터에 대해 이해하고 사용할 수 있다.
- void 포인터에 대해 이해한다.
- 메모리 동적 할당의 필요성에 대해 이해하고 설명할 수 있다.
- malloc 함수를 통한 메모리 동적 할당 및 해제 방법에 대해 이해하고 활용할 수 있다.
- calloc 함수를 사용할 수 있다.
- realloc 함수를 사용할 수 있다.
- 복잡한 타입 기반의 메모리 동적 할당에 대해 이해한다.

1단계 ┃ 이 정도는 눈 감고도 설명할 수 있다.

◀ 함수 포인터 ▶

- 함수도 메모리에 올라가게 된다. 함수 포인터 변수를 통해 함수의 시작 주소를 저장할 수 있으며 함수 포인터 변수를 함수 포인터와 동일하게 사용할 수 있다.

- 함수 포인터 변수는 가리키고자 하는 함수의 프로토타입과 동일한 모양을 가지고 있다. 주의할 사항은 포인터 변수를 중심으로 괄호를 해야 한다. 괄호를 하지 않으면 주소값을 반환하는 함수 프로토타입이 되어 버린다.

```
#include <stdio.h>

int Sum(int x, int y)
{
    return x + y;
}

int main(void)
{
    int (*p)(int, int);
    p = Sum;                // p를 Sum과 동일하게 사용할 수 있다.

    printf("%d \n", Sum(3, 4));
}
```

- 포인터 변수 p는 int Sum(int, int)와 동일한 형태의 함수이면 어떤 함수든지 가리킬 수 있다.

• 함수의 주소를 매개변수로 전달하고 이를 함수 포인터 변수로 받아서 사용할 수 있다.

- void Run(int (*p)(int, int)) { p(3, 4); }

- Run(Sum);   // Sum 함수의 주소가 포인터 변수 p로 전달된다.

◀ void 포인터 ▶

• 복습: int 변수의 주소는 int * 변수에 저장하고 double 변수의 주소는 double * 변수에 저장하며 int * 변수의 주소는 int ** 변수에 저장한다.

• void * 타입이 필요할까? void란 "없다"라는 뜻이다. 포인터 변수인데 타입이 없다? void * 변수는 다른 포인터 타입으로 넘어가기 위한 중간 타입으로 사용될 수 있다.

- void * 변수에 대해서는 역참조 연산(*)이나 포인터 연산(+, -)의 적용이 불가능하다.

| 예제 | Print 함수로는 int 변수의 주소 또는 double 변수의 주소가 전달될 수 있다. void * 변수를 사용하여 int 주소와 double 주소 모두 처리가 가능하도록 만들어 보자.

```
#include <stdio.h>

void Print(void *p, int type)
{
```

```
        if (type == 1)         // int
        {
            int *p2 = p;
            printf("%d \n", *p2);
        }
        else if (type == 2)    // double
        {
            double *p2 = p;
            printf("%f \n", *p2);
        }
    }

    int main(void)
    {
        int num1 = 100;
        double num2 = 3.1415;

        Print(&num1, 1);
        Print(&num2, 2);
    }
```

- Print 함수에서는 int 주소와 double 주소 모두 void * 변수로 받고 있다. 다만 어떤 타입의 주소가 전달되는지 알기 위해 int type 변수를 별도로 두고 있다.
- 참고로 void * 타입과 다른 포인터 타입 사이에는 자동 형변환이 이루어진다.

◀ 메모리 동적 할당의 필요성 ▶

• int 5개를 저장해야 한다면 1차원 배열 int ary[5]를 사용하면 되고 int 100개를 저장해야 한다면 int ary[100]을 사용하면 된다.

• 프로그램을 실행하기 전에, 즉 프로그램 작성 단계에서 int 변수 몇 개가 필요한지 모른다면?
  - 예: 사용자로부터 int 변수의 개수를 입력받고 해당 개수만큼의 int 값을 입력받고 저장하라.
  - 사용자가 필요한 변수의 개수를 5라고 했다면 int 변수 5개가 필요하고, 100이라고 했다면 int 변수 100개가 필요하다.
  - int ary[10000]과 같이 충분한 크기의 1차원 배열을 확보해 놓는다면?
    ▹ 실제 사용하고 있는 변수의 개수가 5라면 9995개의 불필요한 변수까지 메모리를 차지함

‣ 사용자가 필요가 변수의 개수가 20000개라면 저장이 불가능함

- 프로그램 실행 중에 필요한 크기의 메모리를 확보할 수 있는 방법이 필요하다. 이를 메모리 동적 할당이라고 한다.

◀ malloc 함수를 활용한 메모리 동적 할당 ▶

- malloc 함수를 사용하면 지정한 바이트만큼의 메모리를 확보한 후 시작 주소를 반환한다.
  - 함수 프로토타입: void *malloc(size_t size);
    ‣ size_t 타입은 int와 동일하다.
    ‣ 반환 타입은 void *이다. 해당 메모리를 어떻게 사용할지는 이 함수를 호출한 곳에서 결정하게 된다.
    ‣ malloc 함수는 stdlib.h 헤더 파일에 포함되어 있다.
  - 사용 예: int *p = malloc(4);   *p = 100;
    ‣ int * 변수 p는 4바이트를 가리키게 된다. 즉, p가 int 변수 1개를 가리키는 것으로 이해하면 된다.
    ‣ p에 대해 역참조 연산자를 사용하면 동적으로 할당받은 4바이트 메모리를 int 변수와 동일하게 사용할 수 있다.

- malloc 함수를 통해 확보한 메모리는 해당 지역을 벗어나더라도 자동으로 해제되지 않는다. 해당 메모리를 해제하고자 하는 경우에는 반드시 free 함수를 사용해야 한다.
  - int *p = malloc(4);
  - free(p);   // 4바이트 동적 메모리 해제

예제   사용자가 입력한 개수만큼 int 변수를 동적으로 할당받고 각 변수의 값으로 1부터 10 사이의 임의의 값을 대입해 보자.

```
#include <stdio.h>
#include <stdlib.h>
#include <time.h>

int main(void)
{
    srand(time(NULL));

    int count;
    printf("저장할 int 변수의 개수는? ");
```

```
    scanf("%d", &count);

    int *p = malloc(sizeof(int) * count);    // malloc(4 * count)와 동일
    for (int i = 0; i < count; i++)
        p[i] = rand() % 10 + 1;              // 포인터는 배열처럼 사용 가능

    for (int i = 0; i < count; i++)
        printf("%d \n", p[i]);

    free(p);
}
```

◀ calloc 함수를 활용한 메모리 동적 할당 ▶

- malloc 함수는 동적으로 할당할 전체 메모리 크기를 기술하는 반면에 calloc 함수는 메모리의 단위 크기와 개수를 따로 기술한다. 이외의 사용 방법은 동일하다.
  - 함수 프로토타입: void *calloc(size_t count, size_t size);
    ▷ (size * count)바이트의 메모리를 확보한다.

[예제] 사용자가 입력한 개수만큼 int 변수를 동적으로 할당받고 각 변수의 값으로 1부터 10 사이의 임의의 값을 대입해 보자. malloc 함수의 예제와 동일하다.

```
#include <stdio.h>
#include <stdlib.h>
#include <time.h>

int main(void)
{
    srand(time(NULL));

    int count;
    printf("저장할 int 변수의 개수는? ");
    scanf("%d", &count);

    int *p = calloc(count, sizeof(int)); // malloc(sizeof(int) * count)와 동일
    for (int i = 0; i < count; i++)
        p[i] = rand() % 10 + 1;

    for (int i = 0; i < count; i++)
        printf("%d \n", p[i]);
```

```
    free(p);
}
```

– malloc 함수 대신 calloc 함수를 호출하는 것 외에는 모두 동일하다.

◀ realloc 함수를 활용한 메모리 동적 재할당 ▶

- malloc(또는 calloc) 함수를 통해 메모리를 동적으로 할당 받은 후 메모리의 크기를 조정(확대 또는 축소)하는 방법
  - 방법1: 현재 메모리의 값들을 다른 곳에 backup한다. 메모리를 해제한다(free 함수). malloc 함수를 사용하여 필요한 크기만큼의 메모리를 다시 할당한 후 backup받은 이전 값들을 재저장한다.
  - 방법2: realloc 함수를 사용하여 메모리 크기를 조정한다.

- realloc 함수의 사용
  - 함수 프로토타입: void *realloc(void *ptr, size_t size);
    ▷ int *p = malloc(sizeof(int) * 5);
    ▷ p = realloc(p, sizeof(int) * 10);
  - 원래 메모리의 시작 주소(ptr)와 재할당 받고자 하는 바이트 크기(size)를 전달하면 해당 크기만큼 재할당 후 시작 주소를 반환한다.
  - 기존 값은 그대로 복사된다.
  - realloc 함수를 실행한 후 동적으로 할당한 메모리의 시작 주소는 이전과 같을 수도 있고 다를 수도 있다.

> **예제** 첫 번째 메모리 할당 시에는 int 변수 10개를 할당하고 1부터 10 사이의 임의의 값으로 초기화한다. 그러고 나서 총 5회 동안 int 변수 2개씩 늘려나가면서 추가된 변수에 대해 1부터 10 사이의 값으로 초기화하자.

```
#include <stdio.h>
#include <stdlib.h>
#include <time.h>

int main(void)
{
```

```
        srand(time(NULL));
        int count = 10;

        int *p = malloc(sizeof(int) * count);
        for (int i = 0; i < count; i++)
            p[i] = rand() % 10 + 1;

        for (int i = 0; i < 5; i++)
        {
            count += 2;
            p = realloc(p, sizeof(int) * count);
            for (int j = count - 2; j < count; j++)   // 추가된 변수만 초기화함
                p[j] = rand() % 10 + 1;
        }

        for (int i = 0; i < count; i++)
            printf("%d \n", p[i]);

        free(p);
    }
```

◀ 복잡한 타입 기반의 메모리 동적 할당 ▶

- malloc 함수는 지정한 바이트 만큼의 메모리를 확보할 뿐이며 이 메모리를 어떻게 사용할지는 malloc 함수를 호출한 곳에서 결정한다.

- 메모리 동적 할당의 예

  ① int *p = malloc(sizeof(int));   // int 변수 1개 할당

  ② int *p = malloc(sizeof(int) * 5);   // int [5]의 1차원 배열로 사용 가능

  ③ int *p = malloc(sizeof(int [5]));   // ②와 동일

  ④ double *p = malloc(16);   // double [2]의 1차원 배열로 사용 가능

  ⑤ int *p = malloc(16);   // int [4]의 1차원 배열로 사용 가능

  ⑥ int (*p)[4] = malloc(sizeof(int) * 3 * 4); // int [3][4]의 2차원 배열로 사용 가능

  ⑦ int (*p)[4] = malloc(sizeof(int [4]) * 3); // ⑥과 동일

  ⑧ int (*p)[4] = malloc(sizeof(int [3][4]));   // ⑥과 동일

  ⑨ int **p = malloc(sizeof(int *) * 5);   // int *[5]의 1차원 배열로 사용 가능

예제 | m행 n열의 2차원 배열을 매개변수로 전달받아 모든 요소의 값을 합산한 결과를 반환하는 Sum 함수를 만들어 보자. 단, 1차원 배열이 아닌 2차원 배열과 동일하게 사용할 수 있도록 만들자.

```c
#include <stdio.h>

int Sum(int *ary, int row, int col)  // 1차원 배열로 받는다.
{
    int result = 0;
    int **p = malloc(sizeof(int *) * row);

    // 각 포인터 변수 p[i]가 해당 행의 시작 주소(int *)를 가리키도록 한다.
    for (int i = 0; i < row; i++)
        p[i] = (ary + (i * col));

    for (int i = 0; i < row; i++)
    {
        for (int j = 0; j < col; j++)
            result += p[i][j];    // 2차원 배열과 같이 사용 가능
    }

    free(p);
    return result;
}

int main(void)
{
    int ary1[2][3] = { { 1, 2, 3 },{ 4, 5, 6 } };
    int ary2[3][2] = { { 1, 2 },{ 3, 4 },{ 5, 6 } };

    printf("%d \n", Sum(ary1, 2, 3));
    printf("%d \n", Sum(ary2, 3, 2));
};
```

2단계 | 이 정도는 눈 감고도 만들 수 있다.

문제 1 | 1차원 배열을 동적으로 만들기: 사용자로부터 요소의 개수를 입력받고 해당 개수만큼의 int 변수를 저장할 수 있도록 메모리를 동적으로 할당받는다. 그

리고 각 요소에 대해 0부터 100까지의 값 중 무작위 값으로 초기화하도록 하라. 마지막으로 요소의 값들 중 가장 큰 값과 가장 작은 값을 출력해 보라.

• 참고 사항

  – 1차원 배열의 요소들 중 최댓값과 최솟값을 찾는 기능은 각각 함수로 작성할 수도 있다.

• 실습 및 프로그래밍 절차

  – int 포인터 변수 1개와 요소의 개수를 저장할 변수를 선언한다.

  – 사용자로부터 요소의 개수를 입력받는다.

  – 포인터 변수 및 malloc 함수를 사용하여 해당 개수만큼의 int 변수를 동적으로 할당받는다. 그 다음부터 포인터 변수를 배열처럼 사용하면 된다.

  – 각 요소에 대해 0부터 100까지의 값 중 무작위 값으로 초기화한다.

  – 최댓값 함수를 호출하여 최댓값을 구하고 출력한다.

  – 최솟값 함수를 호출하여 최솟값을 구하고 출력한다.

3단계 | 조금만 생각하면 이 정도는 쉽게 만들 수 있다.

문제 1 1차원 배열 요소 크기 증가하기: 먼저 사용자로부터 int 1차원 배열의 크기를 입력받고, 0부터 99 사이의 값으로 초기화한다. 다음부터 5회 동안은 사용자로터 추가할 배열의 크기를 입력받고 0부터 99 사이의 값으로 초기화한다. 배열의 크기가 변경될 때마다 각 요소의 값을 출력하라.

• 참고 사항

  – malloc 함수만으로도 처리가 가능하지만 realloc 함수를 사용하면 보다 쉽게 구현이 가능할 것이다.

• 실습 및 프로그래밍 절차

  – int 포인터 변수 1개와 요소의 개수를 저장할 변수를 선언한다.

  – 사용자로부터 요소의 개수를 입력받는다.

  – 포인터 변수 및 malloc 함수를 사용하여 해당 개수만큼의 int 변수를 동적으로 할당받고 요소의 값을 0부터 99 사이의 값으로 초기화한다.

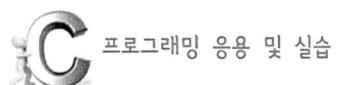

– 총 5회 동안 realloc 함수를 사용하여 사용자 입력에 따라 요소의 개수를 증가시키고 값을 초기화한다.

• 실행 예

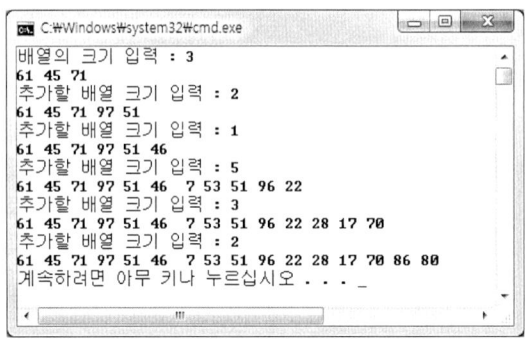

문제 2   2차원 배열을 동적으로 만들기: 사용자로부터 행과 열의 개수를 입력받고 해당 크기의 int 2차원 배열을 동적으로 할당받는다. 그리고 각 요소에 대해 0부터 100까지의 값 중 무작위 값으로 초기화하도록 하라. 마지막으로 요소의 값들 중 가장 큰 값을 출력해 보라. 사실 동적으로 할당받는 것 자체는 2차원 배열과 무관할 수 있다. 다만 포인터 변수를 동적으로 할당받는 메모리를 가리키고 사용할 때는 2차원 배열과 동일하게 사용할 수 있어야 한다.

• 참고 사항

– 행과 열의 개수는 유동적이다. 2행 3열의 2차원 배열이 필요하다면 int (*)[3] 타입의 포인터 변수를 사용할 수 있고, 4행 2열일 경우에는 int (*)[2] 타입의 포인터 변수를 사용할 수 있다. 그러나 2행 3열이 될지 4행 2열이 될지 아니면 다른 크기가 될지 미리 알 수 없다. 이 경우에는 int ** 타입의 포인터 변수를 사용할 수 있다.

– 예를 들어, 3행 4열의 2차원 배열에 해당하는 메모리 동적 할당을 한다고 가정하자. 먼저 int **p 포인터 변수를 통해 int * 변수를 요소로 갖는 1차원 배열 3개를 만든다. 그러면 p[0], p[1], p[2]는 각각 int * 변수이기 때문에 이를 통해 int 1차원 배열을 동적으로 만들 수 있다. 즉, p[0]을 통해 int 1차원 배열 4개를 동적으로 할당받고, p[1], p[2]에 대해서도 각각 1차원 배열 4개를 동적으로 할당받으면 그림과 같은 구조가 완성된다. 그러면 각 int 변수들은 변수 p를 기준으로 p[0][0], p[0][1]과 같이 2차원 배열과 동일하게 사용할 수 있다. 참고로 int 변수들의 그림을 보면 행 단위로 불규칙적으로 그림이 그려져 있는데, 이는 진짜 2차원 배열의 경우 모든 요소들이 연속적인 메모리를 차지하는 것과는 달리 각 행이 어디서부터 시작될지 모르기 때문에 이

와 같이 표현하였다.

▷ int **p = malloc(sizeof(int *) * 3);
▷ for (int i = 0; i < 3; i++)
    p[i] = malloc(sizeof(int) * 4);

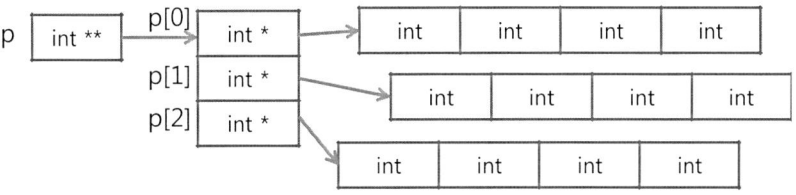

- 실습 및 프로그래밍 절차

  - int ** 변수 1개와 행의 개수 그리고 열의 개수를 저장할 변수를 각각 선언한다.

  - 사용자로부터 행과 열의 개수를 입력받는다.

  - 포인터 변수 및 malloc 함수를 사용하여 행의 개수만큼 int * 변수를 동적으로 할당받고, 각 int * 변수를 통해 열의 개수만큼 int 변수를 동적으로 할당받는다. 그 다음부터 포인터 변수를 2차원 배열과 동일하게 사용하면 된다.

  - 각 요소에 대해 0부터 100까지의 값 중 무작위 값으로 초기화한다.

  - 최댓값을 구하고 출력한다.

4단계 │ 나도 이런 프로그램을 만들 수 있다.

[문제 1] 별을 동적으로 추가하기: 별들의 x 좌표를 저장할 변수 int *x와 y 좌표를 저장할 변수 int *y가 있다. x 좌표의 범위는 0~79이고, y 좌표의 범위는 0~24이다. 사용자가 a 키를 누르면 별을 하나 추가하고 d 키를 누르면 기존의 별들 중 하나를 무작위로 삭제하는 프로그램을 작성하라. 별이 추가되거나 삭제될 때마다 도스창의 해당 위치에 '*' 문자를 출력하거나 삭제해야 한다. ESC 키를 입력하면 프로그램은 종료된다.

- 참고 사항

  - _getch 함수를 사용하여 키보드 입력을 받아들인다.

- '*' 문자 출력을 위해 system("cls")를 사용한 후 모든 별들을 다시 출력해도 되지만, 커서 이동을 통해 추가되거나 삭제되는 별만 처리할 수도 있다. 커서 이동을 위해서는 5주차에 배운 GotoXY 함수를 그대로 사용하면 된다.
- 별을 저장하기 위한 메모리 추가 또는 삭제를 위해 realloc 함수를 사용할 수 있다.

- 실습 및 프로그래밍 절차
  - x 좌표 포인터 변수 y 좌표 포인터 변수, 그리고 별의 개수를 저장할 변수를 선언한다.
  - 반복문을 사용하여 키 입력에 따른 처리 기능이 반복적으로 실행될 수 있도록 한다.
    ▹ 키 값이 'a'인 경우 x, y 좌표를 1개씩 추가하고 임의의 값으로 채운다. 그리고 해당 위치로 이동하여 '*' 문자를 출력한다.
    ▹ 키 값이 'd'인 경우 별 하나를 무작위로 선택하여 삭제한다. 이때 동적 메모리도 하나 감소되어야 한다.

문제 2 | 퍼즐 맞추기 게임 2탄: 8주차 4단계 문제2에서는 3행 3열의 2차원 배열로 표현되는 8-puzzle 게임을 만들었다. 만약 4행 4열로 표현한다면 15-puzzle(1~15)이 되고 5행 5열로 표현한다면 24-puzzle(1~24)이 된다. 본 문제에서는 int **board 변수를 통해 3행 3열로부터 출발한 후 퍼즐 맞추기를 성공한다면 행과 열을 1개씩 늘려나가면서 15-puzzle, 24-puzzle 게임을 순차적으로 만들어 보라.

- 참고 사항
  - 3단계 문제2의 이중 포인터로 2차원 배열을 만드는 방법을 참고하라.
  - 다음과 같은 기능들이 필요하다. 해당 기능을 별도의 함수로 만들 수도 있다.
    ▹ 현재 퍼즐 판 그리기
    ▹ 무작위로 섞기
    ▹ 키 입력 받기(방향키 조작)
    ▹ 퍼즐이 성공했는지 검사하기
  - 퍼즐 판을 새로 그려야 하는 경우 5주차에 배운 GotoXY 함수를 사용하여 이동되는 번호만 다시 출력한다.

- 실습 및 프로그래밍 절차
  - 필요한 함수들을 작성한다.
  - main 함수를 작성한다.
    ▹ 현 단계의 퍼즐을 저장할 메모리를 할당받는다.
    ▹ 퍼즐 판을 무작위로 섞는다.

▷ 퍼즐 판을 그린다.

▷ 사용자 입력(방향키)을 받아들인다. 그 결과에 따라 board의 상태를 변경하고 다시 그린다.

▷ 만약 최종 상태가 되었다면 "성공"을 출력하고 다음 퍼즐을 위한 메모리 할당부터 다시 시작한다. 그렇지 않다면 사용자 입력 및 상태 변경을 반복 수행한다.

• 실행 예

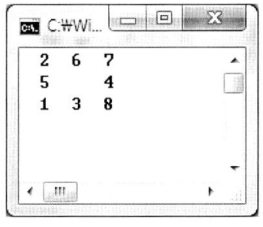 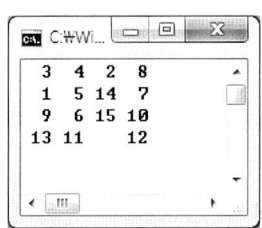 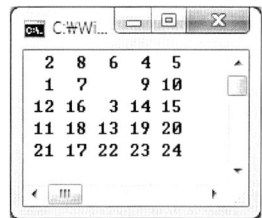

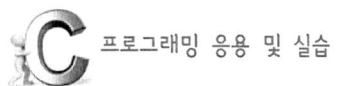

다음 양식에 따라 각 문제에 대한 실습 결과 보고서를 작성한다.

학과		학번		이름	
학년		작성일시		담당교수	
실습 단계		문제			
문제 분석	무엇을 만들고자 하는지를 파악하고 설명한다.				
학습 내용	실습 과정에서 필요한 기술적 요소에 대해 기술한다.				
알고리즘 기술	프로그램 전체 또는 핵심 부분에 대한 알고리즘을 기술한다. 이때 순서도나 의사 코드를 사용할 수도 있지만 보다 자유로운 형식으로 기술할 수도 있다. 각 문제 별로 제시한 내용을 참고하라.				
프로그램 구현	소스 코드의 분량이 적을 경우에는 소스 코드 전체를 기술한다. 다만 소스 코드의 분량이 많을 경우에는 주요 소스 코드만 첨부하며 전체 소스 코드는 별첨으로 첨부한다.				
실행 결과	실행 결과 화면을 첨부하며 실행 방법 및 실행 결과에 대해 설명한다.				
종합 분석	본 실습을 통해 습득한 능력 및 느낀 점을 기술한다.				

문자열 처리

문자와 문자열 처리

학습 목표
- 스트림과 데이터 이동에 대해 이해한다.
- 문자 단위 입출력 함수에 대해 이해하고 활용할 수 있다.
- 문자열 단위 입출력 함수에 대해 이해하고 활용할 수 있다.
- 입출력 버퍼의 개념에 대해 이해한다.
- 문자 처리 함수에 대해 이해하고 활용할 수 있다.
- 문자열 처리 함수에 대해 이해하고 활용할 수 있다.
- main 함수의 매개변수에 대해 이해하고 사용할 수 있다.

1단계 ┃ 이 정도는 눈 감고도 설명할 수 있다.

◀ 스트림과 데이터의 이동 ▶

- 프로그램은 데이터를 처리하는 것이다. 대표적인 데이터 입력 장치로는 키보드가 있고 대표적인 출력 장치로는 모니터가 있다.

- 프로그램과 입력 장치, 프로그램과 출력 장치 사이에는 데이터가 지나다니는 가상의 다리가 존재하는데 이를 각각 입력 스트림, 출력 스트림이라 한다.

- 원칙적으로 프로그램과 입출력 장치 사이의 데이터 전달을 위해서는 스트림을 만들어야 하지만, 키보드와 모니터에 대해서는 프로그램 시작과 동시에 스트림이 자동으로 만들어진다.
  - stdin: 표준 입력 스트림으로 키보드와 연결됨

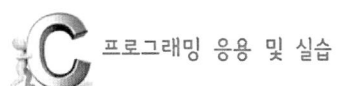
- stdout: 표준 출력 스트림으로 모니터와 연결됨

- C 표준 입출력 함수들 중에는 디폴트로 표준 입력 스트림 또는 표준 출력 스트림과 연결되어 있는 함수도 있으며, 별도의 스트림을 기술할 수 있는 함수도 있다.
  - printf 함수와 fprintf 함수: printf 함수는 표준 출력 스트림과 연결되어 있으며 fprintf 함수는 스트림을 지정할 수 있다.
  - printf("Hello C");   // 모니터로 출력됨
  - fprintf(stdout, "Hello C"); // 마찬가지로 모니터로 출력됨. 그러나 stdout 대신 파일 스트림 등과 연결하면 데이터가 파일로 출력됨. 따라서 fprintf 함수의 경우 파일 출력을 위해 사용할 수 있음

◀ 문자 단위 입출력 함수 ▶

- 문자 하나 출력 함수
  - int putchar(int c);
    ▹ putchar('A');
  - int fputc(int c, FILE *stream);
    ▹ fputc('A', stdout);

- 문자 하나 입력 함수
  - int getchar(void);
    ▹ int ch = getchar();
  - int fgetc(FILE *stream);
    ▹ int ch = fgetc(stdin);

예제   키보드 입력 문자를 하나씩 입력받고 그대로 다시 모니터로 하나씩 출력해 보자.

- 키보드 입력 시 파일의 끝을 의미하는 문자로 Ctrl + z를 입력하면 되고, 이 문자를 입력받는 경우 EOF 값이 반환됨. EOF 문자열 상수는 -1로 정의되어 있음(#define EOF (-1))
- 엔터키가 입력되어야 getchar 함수를 통한 입력이 시작되고, 스트림에 데이터가 하나도 남아있지 않은 경우 다시 키보드 입력을 대기하게 된다.

```
#include <stdio.h>

int main(void)
{
    int ch;

    while ((ch = getchar()) != EOF)
        putchar(ch);
}
```

▸ **실행 결과**

◀ 문자열 단위 입출력 함수 ▶

• 문자열 출력 함수

   – int puts(const char *s);   // 문자열(s) 출력 후 자동으로 '\n' 문자 출력

    ▹ puts("Hello C");

   – int fputs(const char *s, FILE *stream);   // 해당 문자열(s)만 출력

    ▹ fputs("Hello C" , stdout);

• 문자열 입력 함수

   – int *gets(char *s);   // 엔터키 입력 전까지의 문자열(주소) 반환

    ▹ char str[30];   gets(str);

   – int *fgets(char *s, int n, FILE *stream);   // 최대 (n-1)개 문자열 입력

    ▹ char str[30];   fgets(str, sizeof(str), stdin);

> **예제** 한 줄 단위로 사용자 입력 문자열을 입력받고 그대로 모니터로 출력하는 프로그램을 작성해 보자. 한 줄의 최대 문자 개수는 79라고 가정하자.

```
#include <stdio.h>

int main(void)
{
    char str[80];

    while (gets(str) != NULL)
        puts(str);
}
```

- 널 문자('\0')를 포함하여 80자를 저장할 수 있어야 하므로 char 배열의 크기를 80으로 설정한다.
- gets 함수 실행 시 오류가 발생하거나 파일의 끝에 도달하는 경우 NULL 값이 반환된다.

◀ 입출력 버퍼 ▶

• 입력 또는 출력 시 사용하는 스트림에는 데이터를 저장하기 위한 메모리 공간이 있으며, 이를 각각 입력 버퍼, 출력 버퍼라 한다.

• 입력 버퍼
  - 입력 함수가 실행되면 키보드 입력을 대기한다.
  - 키보드 키를 입력하다가 엔터키를 입력하면 현재까지의 내용이 입력 버퍼로 들어가고, 입력 함수에 의해 필요한 데이터만 입력된다.
  - 나머지 데이터는 그대로 입력 버퍼에 남아 있게 된다.
  - 그 다음 입력 함수 실행 시 입력 버퍼에 데이터가 남아있다면 입력 버퍼로부터 바로 데이터를 입력받는다. 입력 버퍼에 데이터가 없다면 키보드 입력을 대기한다.

• 출력 버퍼
  - 출력 함수가 실행되면 출력 데이터가 버퍼로 전달된다.
  - 특정 조건을 만족하면 출력 버퍼에 있는 데이터가 모니터로 출력된다. 예를 들면, '\n' 문자가 전달될 때, 출력 버퍼가 가득 찼을 때, 프로그램이 종료될 때이다. 그러나 이상의 조건은 파일로 출력될 때이고, 모니터로 출력될 때는 출력 함수 실행과 동시에 모니터로 전달된다.

• 필요한 경우 fflush 함수를 사용하여 입력 버퍼 또는 출력 버퍼를 비워야 될 수도 있다.
  - fflush(stdin); → C 표준에서는 표준 입력 장치(stdin)에 대한 fflush 함수의 적용이 허용되지 않는다. 이 경우 다음과 같은 코드를 통해 강제로 버퍼를 비울 수 있다.

▷ while (getchar() != '\n') { }

– fflush(stdout);

◀ 문자 처리 함수 ▶

- 문자 처리 함수는 크게 문자 분류 확인 함수와 문자 변환 함수로 나뉜다.
- 문자 분류 확인 함수: ctype.h 헤더 파일에 포함되어 있다.

함수명	설명	사용 예
isalpha	영문자인 경우 0이 아닌 값 반환	if (isalpha('A')) // 'A' 반환
islower	소문자인 경우 0이 아닌 값 반환	if (islower('A')) // 0 반환
isupper	대문자인 경우 0이 아닌 값 반환	if (islower('A')) // 'A' 반환
isdigit	10진수 문자인 경우 0이 아닌 값 반환 (0 ~ 9)	if (isdigit('1')) // '1' 반환
isalnum	영문자 또는 숫자인 경우 0이 아닌 값 반환	if (isdigit('#')) // 0 반환
isblank	공백 문자(' ') 또는 탭 문자('\t')인 경우 0이 아닌 값 반환	if (isblank('\t')) // '\t' 반환

- 문자 변환 함수: ctype.h 헤더 파일에 포함되어 있다.

함수명	설명	사용 예
tolower	소문자 반환. 대문자가 아니라면 입력값 그대로 반환	int ch = tolower('A');
toupper	대문자 반환. 소문자가 아니라면 입력값 그대로 반환	int ch = toupper('a');

예제 사용자로부터 파일의 끝이 아닌 동안 한 문자씩 입력받아 알파벳 문자에 대해서만 소문자면 대문자로 대문자면 소문자로 변환해서 출력해 보자.

```
#include <stdio.h>
#include <ctype.h>

int main(void)
{
    int ch;

    while ((ch = getchar()) != EOF)
    {
```

```
        if (islower(ch))
            putchar(toupper(ch));
        else if (isupper(ch))
            putchar(tolower(ch));
        else if (ch == '\n')
            putchar(ch);
    }
}
```

◀ 문자열 처리 함수 ▶

- 문자열은 변수의 경우 char 배열에 저장되며 문자열 상수의 경우 char * 변수를 통해 사용이 가능하다. 따라서 문자열 처리 함수들은 char 배열과 char * 변수를 대상으로 한다. char 배열 또한 첫 번째 요소의 주소(char *)가 전달되므로 결국 char * 변수로 처리된다.

- 주요 문자열 처리 함수는 다음과 같다. 문자열 처리 함수들은 string.h 헤더 파일에 포함되어 있다. 단, atoi와 atof 함수는 stdlib.h 헤더 파일에 포함되어 있다.

함수명	설명	사용 예
strlen	문자열의 길이(\0 제외) 반환	strlen("abcde"); // 5 반환
strcpy	문자열 복사	char dest[20], src[20]; strcpy(dest, src);
strcat	문자열 추가	char dest[20]; strcat(dest, "end");
strcmp	문자열 비교. str1이 크면 0 초과, str2가 크면 0 미만, 같으면 0 반환	if (strcmp("abc", "add") == 0) // 음수 반환
sprintf	출력 내용을 배열로 저장	char str[20]; sprintf(str, "합계 : %d", sum);
atoi	문자열을 int 값으로 반환	int n = atoi("123");
atof	문자열을 double 값으로 반환	double n = atof("3.14");

예제   사용자로부터 문자열 2개를 입력받고 다른 배열에 두 문자열을 차례로 합쳐서 저장해 보자. 그리고 문자열의 길이와 문자열을 출력해 보자. 문자열 입력은 gets 함수를 사용하여 줄 단위로 입력받는다. 문자열은 80자 이내라고 가정한다.

```
#include <stdio.h>
#include <string.h>

int main(void)
{
    char str1[80], str2[80], str3[160];

    printf("첫 번째 문자열 입력 : ");
    gets(str1);
    printf("두 번째 문자열 입력 : ");
    gets(str2);

    strcpy(str3, str1);
    strcat(str3, str2);

    printf("문자열의 길이 : %d \n", strlen(str3));
    printf("문자열 : %s \n", str3);
}
```

▶ **실행 결과**

◀ main 함수의 매개변수 ▶

- 복습: main 함수의 기본 모양은 매개변수는 없고 int 값을 반환하는 것이다.

  – int main(void) { }

- main 함수를 호출하는 방법

  – Visual Studio 통합개발환경: Ctrl + F5

  – 커맨드 창에서 실행: 윈도우 명령어 cmd 실행 후 실행 파일이 있는 폴더로 이동

    ▷ 프로그램명 [Enter↵]

- main 함수로 데이터를 전달하는 방법

  – 프로그램명 문자열1 문자열2 문자열3 [Enter↵]

- main 함수에서 데이터를 전달받아 처리하는 방법

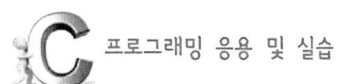
– 프로그램명을 포함하여 이후의 문자열들은 공백문자를 기준으로 각각 char * 변수가 가리키게 되며 각각의 char * 변수는 배열로 모여 있다. 문자열의 개수는 int 변수로 전달된다.

```c
#include <stdio.h>

int main(int argc, char *argv[])      // char *argv[]는 char **argv와 동일
{
    for (int i = 0; i < argc; i++)
        printf("%s \n", argv[i]);
}
```

▶ **실행 결과(실행 파일명이 print.exe일 때)**

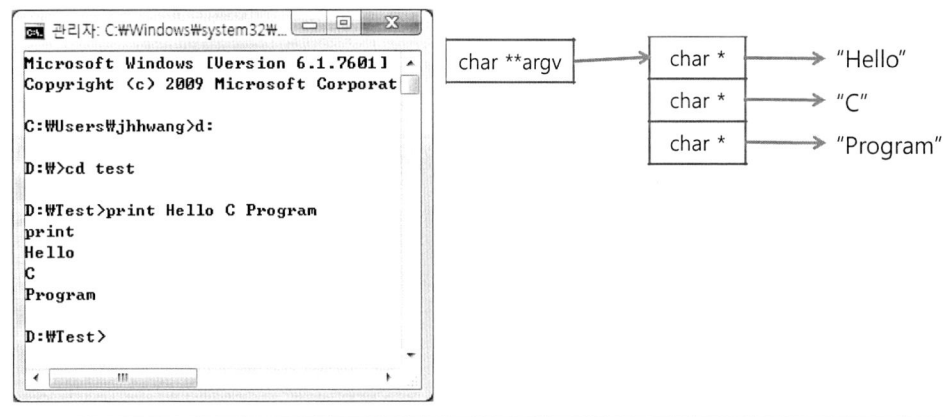

문제 1 문자 단위 입력받기: 파일의 끝에 도달할 때까지 사용자로부터 문자를 하나씩 입력받고, 입력된 문자들 중 소문자의 개수, 대문자의 개수, 숫자의 개수를 출력하라.

• 실습 및 프로그래밍 절차
　– 각 개수를 저장할 변수를 선언하고 0으로 초기화한다.
　– 반복문을 사용하여 문자를 하나씩 입력받고, 문자의 종류에 따라 해당 변수의 값을 1씩 증가시킨다.

문제 2 문자열 비교하기: 파일의 끝에 도달할 때까지 사용자로부터 문자열을 하나씩 입력받고, 입력된 문자열들 중 문자열의 길이가 가장 긴 문자열을 출력하라. 문자열은 gets 함수를 사용하여 한 줄 단위로 입력하고, 한 문자열의 최대 길이는 널 문자를 포함하여 80자로 가정한다.

- 실습 및 프로그래밍 절차
  - 현재까지의 최대 길이를 저장할 변수와 문자열을 저장할 char 배열을 선언한다.
  - 한 줄 단위로 읽어 들인 문자열을 저장할 char 배열을 선언한다.
  - 반복문을 사용하여 한 줄 단위 문자열을 반복적으로 입력받고, 현재까지의 최대 길이보다 더 긴 문자열이 입력된 경우 최대 길이 및 문자열을 변경한다.

문제 3 사칙연산 결과 구하기: 사칙연산 중 하나와 숫자 두 개를 입력받고 해당 연산 결과를 출력하라. 단, 사칙연산에 해당하는 덧셈, 뺄셈, 곱셈, 나눗셈은 각각 "add", "sub", "mul", "div"와 같이 문자열로 입력된다.

- 참고 사항
  - 입력 데이터는(연산자 피연산자 피연산자) 형태로 입력한다.
- 실습 및 프로그래밍 절차
  - 연산자를 저장할 문자열을 선언하고, 피연산자를 저장할 변수 2개를 선언한다.
  - 사용자가 입력한 연산자 문자열을 저장하고, 피연산자도 저장한다.
  - 연산자에 해당하는 연산 결과를 계산하여 출력한다.

3단계 ┃ 조금만 생각하면 이 정도는 쉽게 만들 수 있다.

문제 1 main 함수의 매개변수 활용하기: 사칙연산 계산기를 만들려고 한다. 실행파일명이 calc.exe라 하자. 도스창에서 "calc + 1.2 3.4"와 같이 실행하면 덧셈 결과인 4.6이 출력되고 "calc - 1.2 3.4"d와 같이 실행하면 뺄셈 결과인 -1.2가 출력된다. 이와 같이 덧셈, 뺄셈, 곱셈, 나눗셈이 가능한 프로그램을 작성하라. 추가로 "calc - 1.1 2.2 3.3 4.4"와 같이 2개를 초과한 연산자가 오더라도 계속해서 해당 연산자를 적용할 수 있도록 하라.

- 참고 사항

  - 실행파일명을 비롯하여 모든 매개변수는 문자열로 전달된다. 따라서 문자열 "1.2"와 "3.4"의 경우 실숫값으로 변경할 필요가 있다. 이 경우 stdlib.h 헤더 파일에 포함되어 있는 atof 함수를 사용할 수 있다.
    - ▹ atof("3.4") → double 값 3.4가 반환됨
  - 피연산자는 2개 이상이라고 가정한다.

- 실습 및 프로그래밍 절차

  - 연산자가 무엇인지 알아낸다. 연산자는 argv[1]의 문자열에 해당한다.
  - argv[2]부터 마지막 매개변수까지 해당 연산자를 순차적으로 적용하여 계산 결과에 저장한다.
  - 최종 계산 결과를 출력한다.

- 실행 예

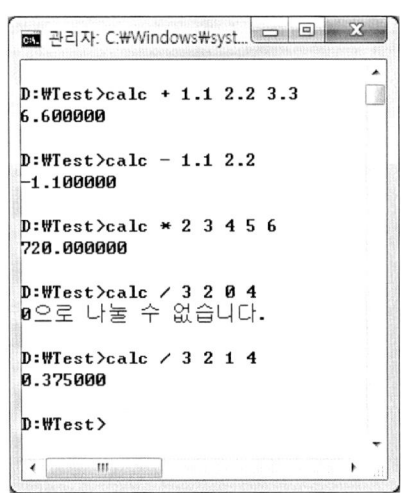

문제 2   StrCpy와 StrCat 함수 만들기: strcpy 함수는 문자열을 복사하는 라이브러리 함수이고 strcat 함수는 기존 문자열 뒤에 새로운 문자열을 추가하는 라이브러리 함수이다. 각 함수와 동일한 기능을 수행하는 StrCpy 함수와 StrCat 함수를 작성하되 라이브러리 함수를 사용하지 않고 작성해 보라.

- 참고 사항

  - strcpy 함수와 strcat 함수의 함수 프로토타입은 다음과 같다.
    - ▹ char *strcpy(char *dest, const char *src);

▹ char *strcat(char *dest, const char *src);

– 각 함수의 반환값은 dest의 주소로 정상적으로 수행될 경우에는 특별한 기능을 하지 않으므로 각 함수는 다음과 같이 만들면 된다.

▹ void StrCpy(char *dest, const char *src);

▹ void StrCat(char *dest, const char *src);

– dest 포인터가 가리키는 곳의 배열 크기는 충분하다고 가정한다.

– 참고로 첫 번째 매개변수는 포인터가 가리키는 내용을 변경해야 하므로 char * 타입으로 받고 있으며(배열의 주소가 넘어옴), 두 번째 매개변수는 포인터가 가리키는 내용을 읽기 위해서만 사용하고 변경하지 않을 것이므로 const char * 타입으로 받고 있다(배열의 주소뿐만 아니라 문자열 상수의 주소도 전달 가능). 이때 함수 내에서 src 포인터 변수를 통해 문자열을 변경하려고 하면 컴파일 에러가 발생한다.

• 실습 및 프로그래밍 절차

– StrCpy 함수를 작성한다.

▹ dest가 가리키는 첫 번째 요소부터 src가 가리키는 각 요소를 순서대로 대입한다.

▹ 문자열은 널문자(\0)로 끝나므로 이를 통해 마지막 문자까지 복사되었는지 검사할 수 있다.

▹ 마찬가지로 내용을 복사한 후 마지막에는 널문자가 추가되어야 한다.

– StrCat 함수를 작성한다.

▹ dest가 가리키는 문자열의 마지막 위치(널문자가 있는 요소)부터 시작하여 src가 가리키는 각 요소를 순서대로 대입한다.

▹ 이외의 구현 방법은 StrCpy와 동일하다.

– main 함수를 작성한다.

▹ 다음과 같은 main 함수를 통해 테스트를 한다. main 함수를 수정하여 다양한 예제에 대해 테스트해 보라.

```
int main(void)
{
    char str1[80];
    strcpy(str1, "abc");
    StrCat(str1, "def");
    puts(str1);
}
```

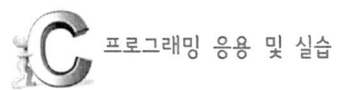
문제 3   문자열에서 10진 숫자 합산하기: 사용자로부터 숫자와 문자들이 포함된 문자열을 입력받고 문자열 내에서 10진 숫자만 선별하여 합계를 출력하는 프로그램을 작성하라. 먼저 사용자로부터 입력할 문자열의 길이를 입력받고 해당 문자열을 저장할 메모리를 동적으로 할당받는다(이때 널문자를 고려하여 실제 문자열의 길이보다 1개 많은 메모리를 할당받는다). 그리고 gets 함수 등을 사용하여 문자열을 입력받는다. 최종적으로 입력된 문자열에서 10진 숫자만을 선별하여 합계를 출력하면 된다. 예를 들어, 문자열 "ab11!2"의 경우 1 + 1 + 2 = 4가 출력되어야 한다.

• 실습 및 프로그래밍 절차
  – 문자열의 길이와 문자열을 가리킬 char 포인터 변수를 선언한다.
  – 문자열의 길이를 입력받고, 해당 크기만큼의 메모리를 확보한다.
  – 사용자로부터 문자열을 입력받는다.
  – 각 문자에 대해 해당 문자가 '1'과 '9' 사이의 문자이면 이를 정수로 변환하여 합산한다.
  – 반복문을 사용하여 다양한 문자열에 대해 수행한다. 문자열의 길이가 0 이하이면 프로그램은 종료한다.

• 실행 예

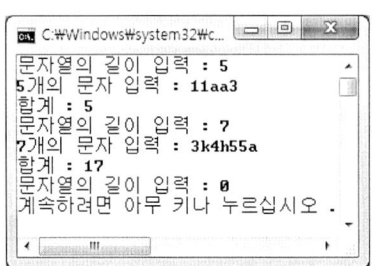

4단계 ┃ 나 도 이 런 프 로 그 램 을 만 들 수 있 다.

문제 1   문자열 2진수를 10진수 정수로 변환하기: 문자열로 입력받은 2진수를 10진수 정수로 변환하라.

- 참고 사항
  - 사용자는 엔터키를 입력할 때까지 0과 1로 이루어진 문자들을 입력한다. 단, 0과 1의 문자들의 개수는 최대 32개로 가정한다.

- 실습 및 프로그래밍 절차
  - 문자열을 저장할 char 배열을 선언한다.
  - 각 문자를 10진수로 변환하여 합산한다.
    ▷ 현재 자리 수를 고려하여 변환해야 한다.
  - 반복문을 사용하여 다양한 2진수에 대해 테스트한다. 0이 입력되면 프로그램을 종료한다.

- 실행 예

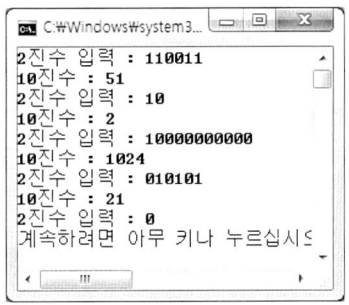

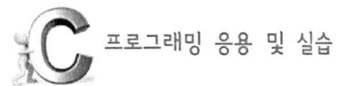

프로그래밍 응용 및 실습

실습 보고서

다음 양식에 따라 각 문제에 대한 실습 결과 보고서를 작성한다.

학과		학번		이름	
학년		작성일시		담당교수	
실습 단계		문제			

문제 분석	무엇을 만들고자 하는지를 파악하고 설명한다.
학습 내용	실습 과정에서 필요한 기술적 요소에 대해 기술한다.
알고리즘 기술	프로그램 전체 또는 핵심 부분에 대한 알고리즘을 기술한다. 이때 순서도나 의사 코드를 사용할 수도 있지만 보다 자유로운 형식으로 기술할 수도 있다. 각 문제 별로 제시한 내용을 참고하라.
프로그램 구현	소스 코드의 분량이 적을 경우에는 소스 코드 전체를 기술한다. 다만 소스 코드의 분량이 많을 경우에는 주요 소스 코드만 첨부하며 전체 소스 코드는 별첨으로 첨부한다.
실행 결과	실행 결과 화면을 첨부하며 실행 방법 및 실행 결과에 대해 설명한다.
종합 분석	본 실습을 통해 습득한 능력 및 느낀 점을 기술한다.

구조체

구조체, 열거형

학습 목표
- 구조체의 필요성에 대해 이해한다.
- 구조체의 기본적인 사용 방법에 대해 이해한다.
- 구조체 배열을 선언하고 사용할 수 있다.
- 구조체 포인터를 선언하고 사용할 수 있다.
- typedef에 대해 이해하고 사용할 수 있다.
- 구조체를 함수의 매개변수 및 반환값으로 사용할 수 있다.
- 중첩 구조체의 개념에 대해 이해하고 사용할 수 있다.
- 자기 참조 구조체의 개념에 대해 이해하고 사용할 수 있다.
- 열거형에 대해 이해하고 사용할 수 있다.

1단계 | 이 정도는 눈 감고도 설명할 수 있다.

◀ 구조체의 필요성 ▶

- 2차원 평면 위의 한 점을 표현하기 위해 int x, int y와 같이 int 변수 2개를 사용할 수 있다. 그런데 Point라는 타입이 있어서 Point pt와 같이 사용할 수 있다면 어떨까?
  - Point 변수 pt1과 pt2가 있을 때 pt1 = pt2와 같이 대입이 가능하다면
  - 함수 호출 시에도 Func(pt1)과 같이 사용할 수 있다면
  - 점 100개를 Point pt[100]와 같이 1차원 배열로 표현할 수 있다면
  - 점 1개를 int x, int y 이렇게 2개의 변수로 나타낼 때보다 훨씬 간결하고 읽기 쉽게 프로그램을 작성할 수 있겠다!

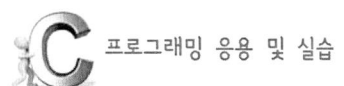

- 구조체는 int와 같은 타입을 새로 만드는 것이다.

```
struct Point     // Point라는 구조체를 만든다.
{
    int x;       // 구성 요소로는 int x와 int y가 있다. (멤버변수라 한다.)
    int y;       // 각각 x 좌표와 y 좌표를 의미한다.
};
```

- 구성 요소로는 어떤 타입이든 관계없이 기존 타입의 변수들이 올 수 있다. char, int, double 변수 뿐만 아니라, 배열 또는 포인터 변수, 심지어는 앞서 정의한 구조체 변수도 올 수 있다.

- 구조체는 새로운 타입을 만드는 것이다. 구조체를 int 타입과 100% 동일하게 사용할 수는 없지만 int와 같이 사용하면 된다는 생각을 가지고 사용하면 된다.

- 구조체는 int와 같이 사용하면 된다.
  - 변수를 만들 수 있고, 변수 선언 시 초기화도 가능하다.
  - 1차원 배열을 만들어 사용할 수 있고, 2차원 배열 등 다차원 배열도 만들 수 있다.
  - 변수 사이의 대입도 된다.
  - 포인터 변수를 만들어 사용할 수 있고, 이중 포인터 변수를 만들 수도 있다.
  - 매개변수로 전달할 수도 있고 구조체 변수를 반환할 수도 있다.
  - 메모리 동적 할당도 가능하다.
  - 다른 구조체 정의 시 멤버 변수로 들어갈 수도 있다.

- 구조체를 int와 같이 사용할 수 없는 것
  - int num1, num2;   int num3 = num1 + num2;
  - Point pt1, pt2;   Point pt3 = pt1 + pt3;   // 불가능
  - 구조체에 대해서는 연산자의 적용이 불가능하다. 필요한 기능은 함수로 작성해야 한다.

◀ 구조체의 기본 사용 방법 ▶

- 구조체의 기본 사용 방법만 안다면 앞서 설명한 바와 같이 구조체는 int와 같이 사용하기만 하면 된다.

- 구조체 선언 및 구조체 변수 선언
  - 평면 상의 점을 구조체로 선언하고 변수를 만들어 사용해 보자.

```
struct Point          // 구조체 선언
{
    int x;
    int y;
};

int main(void)
{
    struct Point pt;   // 구조체 타입명은 struct Point이다.
    pt.x = 3;          // 결국 최종 사용 단위는 멤버 변수이다.
    pt.y = 4;
}
```

- 구조체 문법에 따라 구조체를 선언했다면 구조체는 int와 같이 하나의 타입이므로 해당 구조체 타입의 변수를 선언하여 사용할 수 있다.
  ▷ 한 가지 주의사항은 구조체 타입명이 Point가 아닌 struct Point라는 것이다.
- 구조체 변수를 선언하면 해당 변수 내에 멤버 변수들이 차례로 메모리에 올라가게 된다.

stuct Point pt;

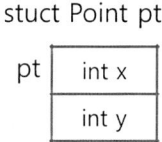

  ▷ 결국 최종 사용 단위는 멤버 변수이며, 멤버 변수에 대한 접근은 pt.x와 같이 연산자를 사용하면 된다.
  ▷ pt.x는 int 변수이므로 기존의 int 변수와 동일하게 사용한다.
- 구조체 변수 선언과 동시에 초기화가 가능하며 배열 초기화와 같이 중괄호({ })를 사용한다.
  ▷ struct Point pt = { 3, 4 };   // 멤버 변수 순서대로 x = 3, y = 4가 된다.

예제   학생(Student)은 학번(int), 이름(char [20]), 점수(double)로 구성된다. 구조체를 만들고 변수 1개를 만든 후 사용자로부터 데이터를 읽고 출력해 보자.

```
struct Student
{
    int id;              // 학번
    char name[20];       // 이름
    double score;        // 점수
};

int main(void)
{
    struct Student stud;
    // stuct Student stud = { 100, "abc", 90.5 };와 같이 선언 시 초기화 가능

    printf("학번, 이름, 점수 입력 : ");
    scanf("%d %s %lf), &stud.id, stud.name, &stud.score);

    printf("학번 : %d \n", stud.id);
    printf("이름 : %s \n", stud.name);
    printf("점수 : %f \n", stud.score);
}
```

- stud.id, stud.name, stud.score는 각각 int, char 배열, double 변수이며, 각각 해당 타입에 맞게 사용하면 된다.

◀ 구조체 배열 ▶

• int 배열의 사용 방법과 동일하다!

– Point pt[3];   // pt[0], pt[1], pt[2] 각각이 Point 구조체 변수이다.

– pt[0].x = 100; pt[0].y = 200;

• 구조체 배열 또한 선언과 동시에 초기화가 가능하다.

– Point pt[3] = { { 1, 1 }, { 2, 2 }, { 3, 3 } };

– pt[0]의 x, y 값이 (1, 1), pt[1]의 경우 (2, 2), pt[2]의 경우 (3, 3)이 된다.

예제   3행 4열의 Point 구조체 2차원 배열을 만들고 각 구조체 변수의 (x, y) 값으로
(0 ~ 78, 0 ~ 24)의 무작위 값으로 초기화한 후 출력해 보자.

```
#include <stdio.h>
#include <stdlib.h>
#include <time.h>

struct Point
{
    int x;
    int y;
};

int main(void)
{
    srand(time(NULL));
    struct Point pt[3][4];

    for (int i = 0; i < 3; i++)
    {
        for (int j = 0; j < 4; j++)
        {
            pt[i][j].x = rand() % 80;
            pt[i][j].y = rand() % 25;
        }
    }

    for (int i = 0; i < 3; i++)
    {
        for (int j = 0; j < 4; j++)
            printf("(%2d, %2d) ", pt[i][j].x, pt[i][j].y);
        printf("\n");
    }
}
```

◀ 구조체 포인터 ▶

- 기본적으로 int 포인터와 동일하다! int 변수를 가리키는 포인터가 int * 변수이듯이 Point 구조체 변수를 가리키는 포인터는 struct Point * 변수이다.

  - int num = 3;   int *p = #   *p = 4;

  - struct Point pt = { 3, 3 };   struct Point *p = &pt;   (*p).x = 4;   (*p).y = 4;

    ▹ 연산자가 역참조 연산자(*)보다 우선순위가 높으므로 반드시 (*p).x와 같이 써야 된다.

- (*p). 대신 p->와 같이 -> 연산자를 사용할 수 있는데, 거의 모든 프로그래머가 거의 모든 경우에 있어서 p-> 와 같이 사용하고 있다. -> 연산자는 "무엇을 가리킨다"는 포인터의 의미와 같이 화살표 모양으로 되어 있다.

> **예제** Point 구조체 포인터 변수를 사용하여 Point 구조체 변수 하나를 동적으로 만들고 사용해 보자. 다음으로는 Point 구조체 1차원 배열을 동적으로 만들고 사용해 보자.

```
struct Point
{
    int x;
    int y;
};

int main(void)
{
    struct Point *p;
    p = malloc(sizeof(struct Point));  // 8바이트가 할당되며 p가 가리킴
    p->x = 3;
    p->y = 4;
    free(p);

    p = malloc(sizeof(struct Point) * 5);
        // 요소 5개인 1차원 배열이 할당되며 p는 첫 번째 변수를 가리킨다.
    for (int i = 0; i < 5; i++)
    {
        p[i].x = i;      // p[0], p[1], ... 각각이 Point 변수이다.
        p[i].y = i;
    }
    free(p);
}
```

- int 타입 대신 struct Point 타입이 사용되었다는 것 외에는 int 타입의 사용 방법과 동일하다고 할 수 있다.

◀ typedef의 사용 방법 ▶

- typedef 선언은 기존 타입명에 또 다른 이름(별명)을 붙일 때 사용한다. 별명은 반드시 하나의 단어만 가능하다.
  - typedef int INT;   // int a;와 INT a;는 동일한 것이다.
  - typedef short int sint;   // short int 대신 sint를 사용할 수 있다.
  - typedef int my int;   // X, my_int와 같이 하나의 단어만 가능하다.

- typedef 선언을 사용하면 struct Point 대신 Point만 사용해도 되도록 만들 수 있다.

```
struct Point
{
    int x;
    int y;
};
typedef struct Point Point;    // struct Point와 Point는 동일한 타입이다.

int main(void)
{
    Point pt = { 3, 4 };       // 반드시 struct Point를 사용할 필요가 없다.
}
```

◀ 함수와 구조체 ▶

• 다시 한 번, 구조체는 하나의 타입이며 int 타입의 사용 방법과 동일하다. 함수와 함께
  사용할 때도 마찬가지이다.
  – Point 변수를 값에 의한 전달로 전달할 수 있다.
  – Point 변수의 주소를 전달할 수 있다. 즉, 참조에 의한 전달도 가능하다.
  – Point 변수의 값을 반환할 수 있다.
  – Point 변수의 주소를 반환할 수 있다.

예제　　Point 변수 2개를 전달받아 합산한 결과를 반환하는 Sum 함수를 만들어 보자.
　　　　점 2개의 덧셈은 (x1 + x2, y1 + y2)와 같이 x 좌표는 x끼리 더하고, y 좌표는 y끼
　　　　리 더해서 만들 수 있다.

```
struct Point
{
    int x;
    int y;
};
typedef struct Point Point;

Point Sum(Point pt1, Point pt2)    // 값에 의한 전달로 받는다.
{
    Point pt3 = { pt1.x + pt2.x, pt1.y + pt2.y };
    return pt3;      // 값을 반환한다.
}
```

```
int main(void)
{
    Point pt1 = { 1, 1 };
    Point pt2 = { 2, 2 };
    Point pt3 = Sum(pt1, pt2);    // 값에 의한 전달로 전달한다.
}
```

◀ 중첩 구조체 ▶

- 중첩 구조체는 새로운 구조체를 선언할 때 기존 구조체 변수를 멤버 변수로 사용하는 것이다. 구조체는 int와 동일하다. int 변수를 구조체의 멤버 변수로 사용할 수 있듯이, 구조체 변수도 다른 구조체의 멤버 변수로 사용할 수 있다.
  - 단, 구조체 변수를 자기 자신의 멤버 변수로 사용할 수는 없다.
  - struct Circle { struct Point pt; };   // 가능
  - struct Point { struct Point pt; };   // 불가능

예제   struct Circle의 멤버 변수로 struct Point 변수를 사용해 보자.

```
struct Point
{
    int x;
    int y;
};

strut Circle
{
    struct Point center;     // 중심점, Point는 앞서 나와 있어야 함
    double radius;           // 반지름
};

int main(void)
{
    struct Circle cir = { { 3, 4 }, 5.6 };

    cir.center.x = 300;
    cir.center.y = 400;
    cir.radius = 56.7;
}
```

– 최종적으로 사용하는 데이터는 center의 x, center의 y, radius이다. 따라서 Circle 변수 cir로부터 각각에 접근할 때는 cir.center.x, cir.center.y, cir.radius와 같이 사용한다.

◀ 자기 참조 구조체 ▶

- 구조체 Point 변수를 구조체 Point의 멤버 변수로 선언할 수는 없지만, Point * 변수를 Point의 멤버 변수로 선언할 수는 있다. 이와 같이 어떤 구조체 선언 시 자기 자신의 구조체 포인터 변수를 멤버 변수로 선언하는 것을 자기 참고 구조체라 한다.

```
struct Point
{
    int x;
    int y;
    struct Point *p;    // p는 Point 변수를 가리키는 포인터 변수이다.
};
```

- Point 변수 하나를 선언하면(예, struct Point pt) 그 변수 안에는 int 변수 x, int 변수 y, struct Point 포인터 변수 p가 생긴다.
  - pt.x는 int 변수이고 pt.y도 int 변수이며, pt.p는 Point 변수를 가리키는 포인터 변수일 뿐이다. 각각 int는 int답게 Point 포인터 변수는 Point 포인터 변수답게 사용하면 된다. "Point 포인터 변수답게"란 Point 변수(기존 변수든 동적 할당을 통해 할당한 변수든)를 가리키고 사용하는 것이다.

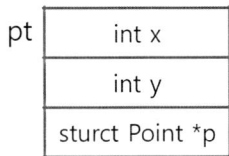

stuct Point pt;

  - pt.p를 통해 자기 자신(Point 변수니까)을 가리킬 수도 있다.
    ▷ struct Point pt = { 3, 4, &pt; };
    ▷ pt.p->x = 100;   // pt.x = 100;과 동일하다.

예제 Point 구조체 포인터 변수 하나를 선언하고(struct Point *first) 구조체 변수 하나를 동적으로 생성해 보자. 그리고 동적으로 생성한 구조체 변수의 멤버 변수인 p를 통해 다시 한 번 구조체 변수 하나를 동적으로 생성해 보자. 그 구조는 다음

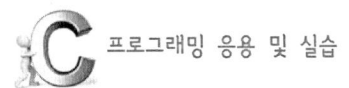

그림과 같다. 마지막으로 first 변수를 사용하여 첫 번째 Point 변수의 x, y 값을 (3, 4)로 변경하고, 마찬가지로 first 변수를 사용하여 두 번째 Point 변수의 x, y 값을 (5, 6)으로 변경해 보자.

stuct Point *first;

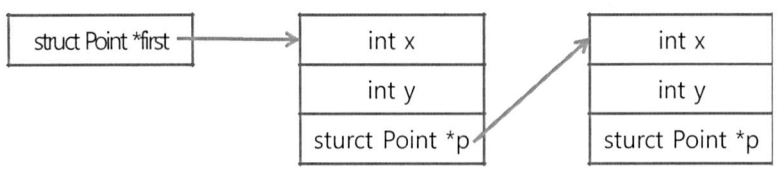

```
#include <stdlib.h>

struct Point
{
    int x;
    int y;
    struct Point *p;
};

int main(void)
{
    struct Point *first;

    first = malloc(sizeof(struct Point));
    first->x = 3;
    first->y = 4;
    first->p = malloc(sizeof(struct Point)); // first->p는 Point 포인터임

    first->p->x = 5;
    first->p->y = 6;
}
```

• 자기 참조 구조체를 통해 단방향 링크드 리스트, 양방향 링크드 리스트, 트리 등의 매우 복잡한 자료 구조들이 구현될 수 있다.

◀ 열거형 ▶

• #define을 통해 문자열 상수를 정의하듯이 열거형을 통해 문자열 상수를 정의할 수 있다.
  − enum Color { RED = 1, GREEN = 2, BLUE = 3 };

- int color = GREEN;   // 2가 대입됨

- 구조체와 같이 enum Color라는 새로운 타입이 만들어지며 내부적으로는 정숫값을 저장하게 된다.
  - 열거형 정의 시 문자열 상수의 값을 지정하지 않으면 0부터 1씩 차례로 증가한다.

```c
#include <stdio.h>

enum Color
{
    RED,          // 0
    GREEN = 5,    // 5
    BLUE          // 6
};

int main(void)
{
    enum Color color = BLUE;        // 6
    color++;                        // 7
    printf("color : %d \n", color);
}
```

2단계 | 이 정도는 눈 감고도 만들 수 있다.

문제 1   구조체 만들고 사용하기 (1): 정사각형을 타나내는 Square라는 구조체를 만들려고 한다. 정사각형은 이름(char [20]), 중심점(int x, int y), 한 변의 길이(double len)로 구성된다. Square 구조체 변수 1개를 만들고 사용자로부터 각 멤버변수의 값을 읽어 들인 후 다시 출력해 보라.

- 실습 및 프로그래밍 절차
  - Square 구조체를 만든다.
  - main 함수에서 Square 구조체 변수를 만들고 사용자로부터 각 멤버변수의 값을 읽어 들이고 다시 출력한다.

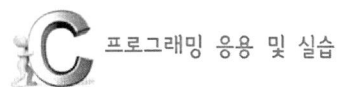

문제 2 ⟩ Swap 함수 만들기: Point 구조체 변수 2개를 전달받아 값을 서로 교환한 Swap 함수를 만들어 보라. Swap 함수가 실행된 후에는 실매개변수의 값 또한 서로 교환되어 있어야 한다.

- 실습 및 프로그래밍 절차
  - Swap 함수를 만든다.
    ▷ void Swap(struct Point *pt1, struct Point *pt2);
    ▷ 왜 참조에 의한 전달(주소값 전달)로 매개변수를 전달하는지 생각해 보라.
  - main 함수에서 Point 구조체 변수를 만들고 Swap 함수 호출을 통해 값을 서로 교환한다.

3단계 | 조금만 생각하면 이 정도는 쉽게 만들 수 있다.

문제 1 ⟩ 구조체 만들고 사용하기 (2): 어떤 사람의 이름, 나이, 전화번호를 저장할 수 있는 구조체 Person을 선언하라. 이름과 전화번호는 문자열로 저장되며 나이는 int 값으로 저장된다. 그리고 구조체 변수 하나를 선언하고 사용자로부터 값을 입력받고 다시 출력해 보라.

- 참고 사항
  - 값 입력을 위해 Input 함수를 만들고 사용한다. Input 함수로 구조체 변수가 전달되며 해당 변수로 값을 입력받는다. 함수 프로토타입은 다음과 같다.
    ▷ void Input(struct Person *person);   // 왜 포인터로 받는지 생각해 보라.
  - 값 출력을 위해 Output 함수를 만들고 사용한다. 함수 프로토타입은 다음과 같다.
    ▷ void Output(struct Person person);   // 값에 의한 전달로 전달한다.

- 실습 및 프로그래밍 절차
  - Person 구조체를 만든다.
  - Input 함수를 만든다.
  - Output 함수를 만든다.
  - main 함수에서 Person 구조체 변수를 만들고 Input 함수와 Output 함수를 사용하여 멤버 변수의 값을 읽어 들이고 출력한다.

문제 2 　구조체 배열 동적으로 생성하기: Point 구조체 배열을 동적으로 만들려고 한다. 사용자로부터 필요한 변수의 개수를 입력받고 해당 개수만큼 Point 구조체 배열을 만들도록 하라. 각 요소의 x, y 좌표로는 0과 100 사이의 무작위 값으로 초기화한다. 그리고 GetCenter 함수를 만들어 Point 구조체 배열의 중점을 구해 보라. Point 구조체 배열의 중점은 모든 요소들의(x좌표 평균, y좌표 평균)으로 구한다. 이를 위해 Point 구조체의 x, y 좌표의 타입은 double을 사용한다.

- 실습 및 프로그래밍 절차
  - Point 구조체를 만든다.
  - GetCenter 함수를 만든다.
    ▷ struct Point GetCenter(struct Point *p, int count);
    ▷ 모든 요소의 중점을 갖는 Point 변수를 반환한다.
  - main 함수를 만든다.
    ▷ Point 구조체 포인터 변수와 요소의 개수를 저장할 변수를 선언한다.
    ▷ 사용자로부터 요소의 개수를 입력받는다.
    ▷ Point 구조체 배열을 동적으로 생성하고 모든 요소의 x, y 값을 초기화한다.
    ▷ GetCenter 함수를 통해 중점을 구하고 그 결과를 출력한다.

4단계 ┃ 나도 이런 프로그램을 만들 수 있다.

문제 1 　우주선 조정 게임 만들기: '@' 문자로 표현되는 우주선의 초기 위치는 (0, 0)이며 0.1초마다 자동으로 오른쪽으로 움직이게 된다. 우주선의 이동 방향은 방향키를 사용하여 변경할 수 있다. 목표는 우주선이 지구에 도착할 수 있도록 조정하는 것이다. 지구의 x, y 좌표는 각각 (60~79, 20~24) 사이의 임의의 값으로 결정되며, '$' 문자로 표시된다. 그런데 우주에는 많은 별들이 있다. 우주선은 별에 부딪히면 안 되고 우주 밖으로 벗어나서도 안 된다. 즉, 좌표가 (0~79, 0~24) 내에서 이동해야만 한다. 최초 별의 개수는 총 10개로 각각 (0~79, 0~24) 사이의 임의의 좌표로 결정된다. 별은 '*' 문자로 표시된다. 우주선이 지구에 도착하면 현재 stage가 종료되며 다음 stage가 시작된다. 다음

stage에서 우주선은 다시 (0, 0)에서 시작하고 지구의 위치도 무작위로 재조정된다. 별의 개수 또한 현재 개수에서 5개가 증가한 후 무작위 위치로 재조정된다. 새로운 stage가 시작되면 우주선의 속도도 빨라진다. 이상과 같은 우주선 조정 게임을 만들어 보라.

• 참고 사항

– 우주선, 지구, 별의 좌표를 나타내기 위해 Point 구조체를 정의하여 사용하라.

– 별을 저장하기 위해 포인터를 사용하며 동적 메모리 할당을 사용한다.

– 키 입력, 경과 시간 측정, 커서 이동을 위해 5주차에 배웠던 GetKey 함수, clock 함수, GotoXY 함수를 사용할 수 있다.

– 필요한 기능들을 함수로 만들어 사용한다.

• 실습 및 프로그래밍 절차

– 필요한 변수들을 선언하고 초기화한다.

▹ 우주선의 위치, 지구의 위치, 별들의 위치, 우주선의 속도, 우주선의 방향, 별들의 개수를 저장할 필요가 있다.

▹ rand 함수를 사용하여 우주선, 지구, 별들의 위치를 초기화한다.

▹ 해당 위치에 우주선, 지구, 별들을 출력한다.

– 주기적으로 우주선의 이동 및 현재 상태를 점검한다.

▹ 방향키 입력이 있다면 우주선의 방향을 변경한다.

▹ 우주선의 속도에 따라(예, 0.1초가 경과했다면) 우주선의 방향으로 한 칸 이동한다.

▹ 우주선의 위치와 지구의 위치가 같다면 다음 stage로 넘어간다.

▹ 별들 중 하나의 위치와 같거나 우주를 벗어난다면 "실패"를 출력하고 프로그램을 종료한다.

– 다음 stage가 시작되는 경우 우주선의 속도가 증가하고 별들의 개수도 증가한다.

• 실행 예

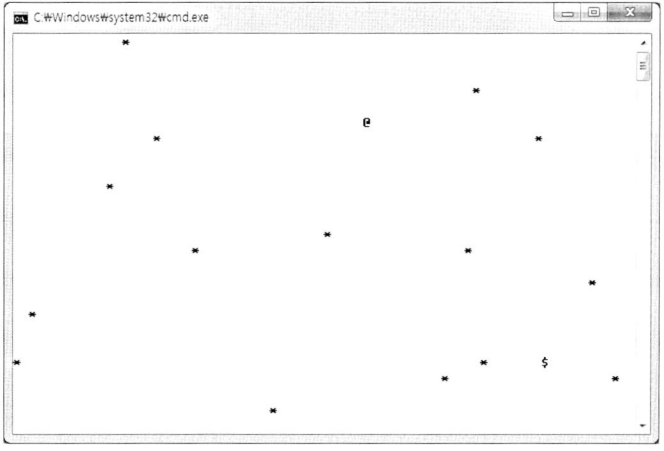

문제 2 단방향 링크드 리스트 만들기: 연결리스트는 데이터를 연결하는 자료 구조의 일종으로 한쪽 방향으로 연결되어 있는 단방향 링크드 리스트와 양쪽 방향으로 연결되어 있는 양방향 링크드 리스트가 있다. 데이터는 노드라는 단위 내에 포함되어 있으며, C 언어의 경우 하나의 노드를 자기 참조 구조체로 표현하여 포인터 변수를 통해 다음 노드와 연결한다. 본 문제에서는 int 정숫값을 차례로 연결하는 단방향 링크드 리스트를 만든다.

• 참고 사항

– 하나의 노드를 구현하기 위한 구조체는 다음과 같다.

```
struct Node
{
    int data;
    struct Node *next;
};
```

– struct Node 포인터 변수인 head와 tail은 초기값으로 NULL을 가지고 있으며, Node 변수가 1개 이상인 경우 head는 항상 시작 노드를 가리키고 tail은 항상 마지막 노드를 가리킨다.

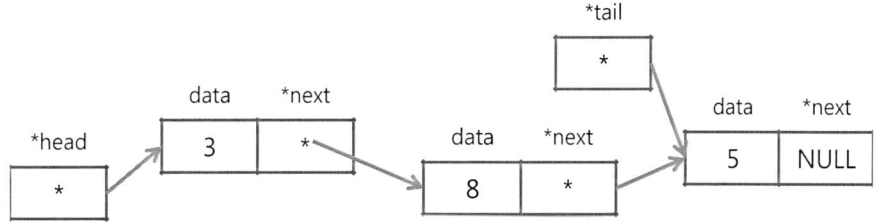

- 사용자로부터 "추가", "출력", "종료" 메뉴 중 하나를 입력받는다.

- 추가 메뉴를 선택하면 마지막 노드 다음에 새로운 노드가 추가된다. 추가되는 노드의 data 값은 사용자로부터 입력받으며, next 값은 NULL이다. 본 기능은 Add 함수로 구현한다.

- 출력 메뉴를 선택하면 첫 번째 노드부터 마지막 노드까지 차례로 data 값을 출력한다. 본 기능은 Print 함수로 구현한다.

• 실습 및 프로그래밍 절차

- head, tail 변수와 메뉴 입력값을 저장할 변수를 선언하고 초기화한다. head와 tail의 초기값은 NULL이다.

- 메뉴를 출력하고 사용자로부터 메뉴를 입력받는다.

- "추가"를 선택한 경우 Add 함수를 호출한다.

  ▷ Add 함수에서는 새로운 노드 하나를 동적으로 생성하고 tail 포인터를 사용하여 마지막에 추가한다. 만약 처음으로 추가되는 노드라면 head와 tail 포인터 모두 해당 노드를 가리켜야 한다.

- "출력"을 선택한 경우 Print 함수를 호출한다.

  ▷ Print 함수에서는 head가 가리키는 노드부터 시작하여 마지막 노드까지 차례로 접근하면서 data 값을 출력한다.

- "종료"를 선택하면 프로그램을 종료한다. 그렇지 않으면 메뉴 출력부터 다시 수행한다.

• 실행 예

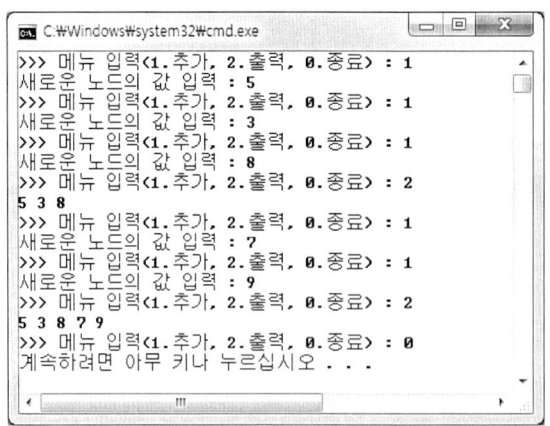

다음 양식에 따라 각 문제에 대한 실습 결과 보고서를 작성한다.

학과		학번		이름	
학년		작성일시		담당교수	
실습 단계		문제			
문제 분석	무엇을 만들고자 하는지를 파악하고 설명한다.				
학습 내용	실습 과정에서 필요한 기술적 요소에 대해 기술한다.				
알고리즘 기술	프로그램 전체 또는 핵심 부분에 대한 알고리즘을 기술한다. 이때 순서도나 의사 코드를 사용할 수도 있지만 보다 자유로운 형식으로 기술할 수도 있다. 각 문제 별로 제시한 내용을 참고하라.				
프로그램 구현	소스 코드의 분량이 적을 경우에는 소스 코드 전체를 기술한다. 다만 소스 코드의 분량이 많을 경우에는 주요 소스 코드만 첨부하며 전체 소스 코드는 별첨으로 첨부한다.				
실행 결과	실행 결과 화면을 첨부하며 실행 방법 및 실행 결과에 대해 설명한다.				
종합 분석	본 실습을 통해 습득한 능력 및 느낀 점을 기술한다.				

파일 처리

텍스트 파일 입출력, 바이너리 파일 입출력

> **학습 목표**
> - 파일 입출력의 기초에 대해 이해한다.
> - 파일의 개방 모드에 대해 이해한다.
> - 텍스트 파일 입출력에 대해 이해하고 활용할 수 있다.
> - 바이너리 파일 입출력에 대해 이해하고 활용할 수 있다.
> - 순차 접근과 임의 접근의 개념에 대해 이해한다.
> - 임의 접근을 위한 파일 위치 지시자를 활용할 수 있다.

1단계 | 이 정도는 눈 감고도 설명할 수 있다.

◀ 파일 입출력 기초 ▶

- 복습: 표준 출력 스트림(stdout)으로 데이터를 출력하기 위해 printf, putchar, fputc, puts, fputs 함수를 사용할 수 있고, 표준 입력 스트림(stdin)으로부터 데이터를 입력받기 위해 scanf, getchar, fgetc, gets, fgets 함수를 사용할 수 있다.

- 파일과 연결을 위한 스트림만 만들면 표준 입출력 스트림의 사용 방법과 동일하다. 단, 스트림을 지정할 수 있는 fprintf, fscanf, fputc, fgetc, fputs, fgets 함수를 사용하면 된다. 파일 연결을 위한 스트림은 fopen 함수를 사용한다.

- 출력 스트림 만들고 사용하기
  - FILE *fp = fopen("test.txt", "w");
  - fopen(파일명, 모드): 모드가 "w"이면 출력용이 된다. FILE 구조체 포인터인 fp를

stdout과 같이 사용하면 된다.

- 파일을 사용한 후에는 fclose(fp)와 같이 함수를 실행하여 연결을 해제한다. 이후로 fp 파일 포인터를 통해 다른 파일과 연결하여 사용할 수 있다.

```c
#include <stdio.h>

int main(void)
{
    FILE *fp = fopen("test.txt", "w");

    fprintf(fp, "Hello C \n");
    fputc('C', fp);
    fputc('\n', fp);
    fputs("C Programming \n", fp);

    fclose(fp);
}
```

▶ **실행 결과(프로젝트 폴더의 "test.txt" 파일을 확인해 보라)**

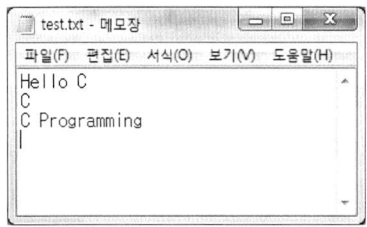

▷ 도스창에 나타날 내용 그대로 "test.txt" 파일에 출력됨을 알 수 있다.

• 입력 스트림 만들고 사용하기

- FILE *fp = fopen("test.txt", "r");

- fopen(파일명, 모드): 모드가 "r"이면 입력용이 된다. FILE 구조체 포인터인 fp를 stdin과 같이 사용하면 된다. "test.txt" 파일이 존재하지 않으면 에러가 발생한다.

- "test.txt" 파일에 다음과 같이 1 2 3 4 5가 출력되어 있다고 가정하자.

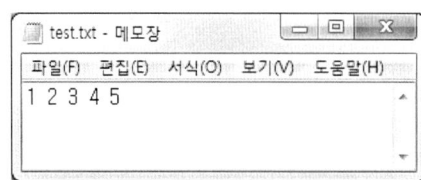

```
#include <stdio.h>

int main(void)
{
    int num;
    FILE *fp = fopen("test.txt", "r");

    for (int i = 0; i < 5; i++)
    {
        fscanf(fp, "%d", &num);
        printf("%d \n", num);
    }

    fclose(fp);
}
```

> fscanf 함수를 사용하여 파일로부터 정숫값을 읽어 그대로 화면으로 출력하고 있다. 파일 포인터인 fp를 첫 번째 매개변수로 전달하는 것 외에는 scanf의 사용 방법과 동일하다. 키보드로 입력받을 내용을 파일로부터 입력받는다고 생각하면 된다.

• 파일의 데이터도 첫 번째 위치부터 마지막 위치까지 바이트 단위로 가상의 주소가 붙게 된다. 메모리의 주소와 매우 비슷하다. fopen 함수를 통해 파일과 연결되면 내부적으로 파일 위치 지시자가 0번지를 가리키고, 읽기/쓰기 함수가 수행되면 파일 위치 지시자가 가리키는 위치부터 시작하여 해당 바이트만큼 읽기/쓰기 작업을 수행한 후 파일 위치 지시자는 그 다음 위치를 가리키게 된다.

◀ 파일의 개방 모드 ▶

• fopen 함수의 프로토타입은 다음과 같다.

  - FILE *fopen(const char *filename, const char *mode);

• 두 번째 매개 변수인 열기 모드(mode)의 값은 하고자 하는 작업에 따라 다음과 같은 모드가 올 수 있다.

  - "r"   : 읽기 → 파일이 없으면 에러가 발생된다.
  - "w"   : 쓰기 → 파일이 없으면 파일이 생성된다.
  - "a"   : 파일의 마지막 위치에 쓰기 → 파일이 없으면 파일이 생성된다.
  - "r+" : 읽기/쓰기 모두 가능 → 파일이 없으면 에러가 발생된다.
  - "w+" : 읽기/쓰기 모두 가능 → 파일이 없으면 파일이 생성된다.

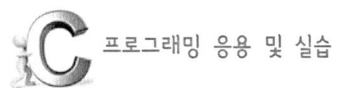
- "a+" : 읽기/마지막에 쓰기 모두 가능 → 파일이 없으면 파일이 생성된다.

- "rb", "wb", "ab", "r+b", "w+b", "a+b"와 같이 b를 추가하면 b가 없을 때와 동일하되 바이너리 모드로 열게 된다. b가 없을 때를 텍스트 모드라 한다.

- 텍스트 모드와 바이너리 모드
  - 텍스트 모드(디폴트 모드)에서는 '\n' 문자 출력 시 '\r' '\n' 2개의 문자로 변환되어 출력되고, 마찬가지로 입력 시 '\r''\n' 2개 문자가 '\n' 문자 하나로 입력된다. 이는 Windows 운영체제에서 메모장에서 다음 줄을 표시하는 문자로 '\r' '\n' 2개 문자를 사용하고 있기 때문이다.
  - 바이너리 모드에서는 문자의 변환 없이 그대로 출력 또는 입력이 수행된다. Unix나 Linux와 같은 운영체제의 경우 텍스트 모드와 바이너리 모드의 동작 방식이 동일하다.

◀ 텍스트 파일 입출력 ▶

- 텍스트 파일 입출력 Vs. 바이너리 파일 입출력
  - 텍스트 파일 입출력은 데이터를 문자열로 변환해서 출력하거나 문자열로 되어 있는 데이터를 입력받는 것을 의미한다.
    ▹ 예를 들어, int a = 100;이 있을 때, 이 데이터를 '1', '0', '0'이라는 문자로 변환해서 출력하는 것을 텍스트 파일 출력이 된다.
  - 바이너리 파일 입출력은 데이터를 메모리 형태 그대로 출력하거나 메모리 형태 그대로 입력받는 것을 의미한다.
    ▹ int a = 100;이 있을 때 변수 a의 4바이트 메모리 형태 그대로 출력하면 바이너리 파일 입출력이 된다.
  - 표준 입출력은 텍스트 파일 입출력에 해당된다.

- 텍스트 파일 입출력은 fprintf, fscanf, fputc, fgetc, fputs, fgets 함수를 사용한 파일 입출력으로 지금까지 배운 내용은 모두 텍스트 파일 입출력이다.

예제   "test.txt" 파일의 내용을 한 문자씩 모두 읽어 도스창에 그대로 출력하는 프로그램을 작성해 보자.

```
#include <stdio.h>

int main(void)
```

```
    {
        int num;
        FILE *fp = fopen("test.txt", "r");

        if (fp == NULL)
        {
            printf("파일 열기 실패!\n");
            return 1;
        }

        int ch;

        while ((ch = fgetc(fp)) != EOF)
            putchar(ch, fp);

        fclose(fp);
    }
```

- 파일 열기(fopen) 시 에러가 발생하는 경우 NULL 값이 반환되므로 fp의 값이 NULL 인지 확인 후 NULL이 아니라면 작업을 계속 진행해 나간다.

◀ 바이너리 파일 입출력 ▶

- fwrite 함수를 사용하면 메모리 형태 그대로 파일로 출력할 수 있고, fread 함수를 사용하면 파일에 저장된 형태 그대로 입력을 받을 수 있다.

- fwrite 함수
  - size_t fwrite(const void *buffer, size_t size, size_t count, FILE *stream);
    ▹ 파일 쓰기가 성공하면 count 값이 반환되고, 실패하면 count보다 작은 값이 반환된다.

```
#include <stdio.h>

int main(void)
{
    int num[3] = { 100, 3, 15 };
    FILE *fp = fopen("data.txt", "wb");
    fwrite(num, sizeof(int), 3, fp);
    fclose(fp);
}
```

▹ 바이너리 입출력은 바이너리 모드("wb")와 궁합이 잘 맞는다. 물론 텍스트 모드로

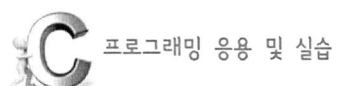

파일을 열어도 된다. 단, 텍스트 모드에서는 '\n' 문자가 '\r' '\n' 2개 문자로 변환됨에 유의하라.

▷ fwrite의 첫 번째 매개변수로는 메모리의 시작 번지가 오고, 두 번째는 단위 바이트 수, 세 번째는 개수, 마지막으로는 파일 포인터가 온다. 즉, 12바이트(sizeof(int) * 3)만큼 메모리 형태 그대로 저장된다.

- fread 함수
  - size_t fread(void *buffer, size_t size, size_t count, FILE *stream);
    ▷ 파일 쓰기가 성공하면 count 값이 반환되고, 실패하면 count보다 작은 값이 반환된다.

```c
#include <stdio.h>

int main(void)
{
    int num;
    FILE *fp = fopen("data.txt", "rb");

    while (fread((void *)&num, sizeof(int), 1, fp) == 1)
        printf("%d \n", num);

    fclose(fp);
}
```

▷ fread의 첫 번째 매개변수로는 데이터를 저장할 메모리의 시작 번지가 오고, 두 번째는 단위 바이트 수, 세 번째는 개수, 마지막으로는 파일 포인터가 온다.

▷ fread 함수를 통해 int 데이터를 마지막까지 하나씩 읽어 들이고 화면에 출력하고 있다.

◀ 순차 접근과 임의 접근 ▶

- 파일의 데이터에 접근하는 방식은 문제에서 요구하는 바에 따라 크게 순차 접근과 임의 접근으로 나눌 수 있다.
  - 순차 접근: 첫 번째 데이터부터 마지막까지 순차적으로 접근한다.
  - 임의 접근: 임의의 위치에 있는 데이터에 대해 접근한다.

- 파일에 정숫값들(15, 7, 134, 9, 5345, ...)을 저장할 때 텍스트 파일로 저장할 때와 바이너리 파일로 저장할 때를 생각해 보자.

	0	1	2	3	4	5	6	7	8	9	10	11	12	13	14	15	.
text file	1	5		7		1	3	4		9		5	3	4	5		_
binary file	15				7				134				9				_

- 순차 접근을 위해서 텍스트 파일의 경우 scanf 함수를 사용하면 되고, 바이너리 파일의 경우 fread 함수를 사용하면 된다. 즉, 순차 접근을 위해서는 텍스트 파일과 바이너리 파일 중 어떤 것이 더 유리한지 알 수 없다.
- 임의 접근, 예를 들어 100번째 데이터에 접근해서 그 값을 다른 값으로 변경한다고 가정하자.
  ▹ 텍스트 파일의 경우 100번째 데이터가 몇 번지에 있는지 알 수가 없다. 따라서, 99번 데이터를 읽은 다음에 100번째 데이터가 어디 있는지 알 수 있다. 그러나 다른 값으로 변경할 때도 자릿수가 동일하지 않다면 매우 성가신 작업이 필요하다.
  ▹ 바이너리 파일의 경우 100번째 데이터는 ((100 - 1) * 4)번지에 저장되어 있다. 모든 데이터의 크기가 4바이트로 동일하기 때문이다. 또한 새로운 값도 4바이트이기 때문에 100번째 데이터의 위치에 바로 덮어쓰기(fwrite)만 하면 된다.
  ▹ 결론적으로 임의 접근을 위해서는 바이너리 파일이 훨씬 유리하다. 단, 파일 위치 지시자를 원하는 위치를 이동할 수 있어야 한다.

◀ 임의 접근을 위한 파일 위치 지시자의 활용 ▶

• 파일로부터 데이터를 읽거나 쓰는 작업은 파일 위치 지시자가 가리키는 위치로부터 수행된다. 파일 위치 지시자는 fseek 함수를 사용하여 임의의 위치로 이동할 수 있다.

• fseek 함수: int fseek(FILE *stream, long offset, int wherefrom);
  – 성공 시 0, 실패 시 0이 아닌 값이 반환된다.

• 4개의 정숫값(15, 7, 134, 9)이 순서대로 바이너리 파일 형태로 저장되어 있다고 가정하자. 데이터가 위치하는 번지는 0부터 15까지이고 첫 번째 데이터는 0번지에, 두 번째는 4번지에, 세 번째는 8번지에, 네 번째는 12번지에 저장되어 있다. 파일 위치 지시자의 현재 위치가 4번지라고 가정하자.

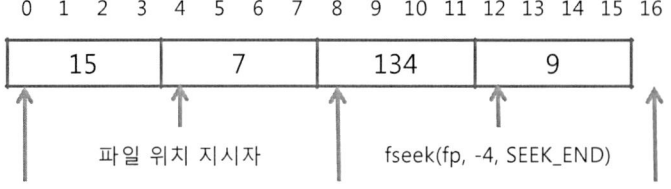

- fseek(fp, 0, SEEK_SET): 시작 위치(0)를 기준으로 0바이트 위치, 즉 0번지로 이동한다.
- fseek(fp, 4, SEEK_CUR): 현재 위치(4)를 기준으로 4바이트 위치, 즉 8번지로 이동한다.
- fseek(fp, 0, SEEK_END): 마지막 위치(16)를 기준으로 0바이트 위치, 즉 16번지로 이동한다. 마지막 위치가 15가 아닌 파일의 마지막 데이터 다음 위치인 16이에 주의하라.
- fseek(fp, -4, SEEK_END): 12번지로 이동한다.

• 파일 위치 지시자의 현재 위치를 알기 위해 ftell 함수를 사용한다.
- int pos = ftell(fp);

예제 "data.txt" 파일에 int 값 100개가 바이너리 형태로 저장되어 있다고 가정하자. 50번째 데이터가 무엇인지 화면에 출력하고 이 값을 1000으로 변경해 보자.

```c
#include <stdio.h>

int main(void)
{
    int num;
    FILE *fp = fopen("data.txt", "r+b");

    fseek(fp, (50 - 1) * 4, SEEK_SET);        // 50번째로 이동
    fread((void *)&num, sizeof(int), 1, fp);  // int 데이터 읽기
    printf("%d \n", num);
    num = 1000;
    fwrite(&num, sizeof(int), 1, fp);         // 1000으로 변경

    fclose(fp);
}
```

2단계 **│** **이 정도는 눈 감고도 만들 수 있다.**

문제 1   텍스트 파일 쓰고 읽기: 무작위로 생성된 100개의 int 값을 "data.txt" 파일로
출력하고, 이 파일에 저장된 모든 int 값을 읽어서 합산한 값을 출력해 보라.
텍스트 파일 형태로 읽고 써야 한다.

- 실습 및 프로그래밍 절차
  - 파일 포인터를 만들고 "data.txt" 파일과 쓰기 모드로 연결한다.
  - int 값 100개를 차례로 생성하고 파일로 출력한다.
  - 파일과의 연결을 해제한다.
  - 파일 포인터를 사용하여 "data.txt" 파일과 읽기 모드로 연결한다.
  - 모든 int 값들을 하나씩 차례로 읽어 합산한다.
  - 합산한 값을 출력한다.
  - 파일과의 연결을 해제한다.

문제 2   바이너리 파일 쓰고 읽기: 문제1과 동일한 프로그램을 작성하되 바이너리 파
일 형태로 읽고 써 보라.

- 실습 및 프로그래밍 절차
  - 문제 1과 동일하며 파일 연결 시 바이너리 파일로 연결한다.
  - fwrite와 fread 함수를 사용한다.

3단계 **│** **조금만 생각하면 이 정도는 쉽게 만들 수 있다.**

문제 1   텍스트 파일 데이터 읽기: 텍스트 파일의 전체 내용을 하나의 문자열로 읽어
들이고 문자열을 모니터로 출력해 보라. 읽어 들일 파일명은 사용자가 입력
할 수 있도록 한다.

- 참고 사항

  - 먼저 파일의 크기를 알아야 한다. 이를 위해서는 fseek 함수를 사용하여 파일의 마지막(실제로는 마지막 데이터 다음) 위치로 이동하고 ftell 함수를 사용하여 현재 파일 위치 지시자의 위치를 알아내면 그 값이 바로 파일의 크기이다.

  - char * 변수를 사용하여 해당 크기만큼의 메모리를 확보한다. 물론 널 문자를 저장하기 위해 (해당 크기 + 1)만큼의 메모리를 확보해야 한다.

  - 마지막으로 fread 함수를 사용하여 데이터를 읽어들이면 된다. 그 전에 파일 위치 지시자를 파일의 시작 위치로 이동시켜야 한다.

- 실습 및 프로그래밍 절차

  - 사용자로부터 파일명을 읽어 들인다.

  - 파일 포인터를 만들고 해당 파일과 연결한다.

  - fseek 함수와 ftell 함수를 사용하여 파일의 크기를 알아낸다.

  - 필요한 메모리를 동적 할당을 통해 확보한다.

  - 파일로부터 파일 크기만큼 문자열을 읽어 들인다.

  - 읽어 들인 문자열을 화면에 출력한다.

  - 파일과의 연결을 해제한다.

문제 2 마름모 모양 저장하기: 사용자로부터 1 이상의 정숫값을 입력받고 실행 화면과 같이 해당 값에 따라 마름모 모양을 "diamond.txt" 파일로 저장하는 프로그램을 작성하라.

- 참고 사항

  - 만약 입력값이 3이라면 첫 번째 줄은 2개의 공백 후 '*' 문자 1개가 나타나고 두 번째 줄은 1개의 공백 후 '*' 문자 3개가 나타나며, 세 번째 줄은 '*' 문자 5개가 나타난다. 이후로는 이전 줄의 형태 그대로 역으로 출력된다.

- 실습 및 프로그래밍 절차

  - 사용자로부터 정숫값을 입력받는다.

  - 파일 포인터를 통해 파일과 연결한다.

  - 해당 값에 따라 마름모 모양을 출력한다.

  - 파일과의 연결을 해제한다.

  - 파일을 열어 확인한다.

– 여러 번의 실행을 통해 요구 사항에 따라 마름모 모양이 출력되는 것을 확인한다.

• 실행 예: 입력값이 3인 경우

4단계 ┃ 나도 이런 프로그램을 만들 수 있다.

문제 1　게임 상태 저장하기: 11주차 4단계 문제1에서는 우주선 조정 게임을 만들었다. 궁극적으로 우주선 조정 게임 도중 's' 키를 누르면 현재 상태를 파일로 저장하고 'r' 키를 누르면 파일에 저장된 상태를 읽어 들여 해당 상태로부터 게임을 다시 시작할 수 있어야 한다. 그러나 본 문제에서는 문제를 단순화하여 'n' 키를 누르면 새로운 초기 상태를 만들고 화면에 별과 우주선 및 지구를 표시하도록 하고, 's' 키를 누르면 현재 상태를 파일로 저장하며, 'r' 키를 누르면 파일에 저장된 상태를 읽어 들여 화면에 표시해 보라.

• 참고 사항

– 화면 표시를 위해 필요한 데이터는 우주선의 위치, 우주선의 속도, 우주선의 방향, 지구의 위치, 별들(10개)의 위치, stage 단계이다. 본 문제에서 우주선의 속도, 우주선의 방향, stage 단계는 눈으로 확인이 어렵지만, 실제로 실행되는 게임에서는 모든 정보들이 저장되어야 한다.

– 텍스트 파일로 저장해도 되며 바이너리 파일로 저장해도 된다.

• 실습 및 프로그래밍 절차

– 프로그램이 실행되면 게임이 새로 시작되었다고 가정하여 우주선의 위치, 지구의 위치, 별들의 위치 등 데이터 값을 결정하고 화면에 출력한다.

– 'n' 키가 눌러지면 게임을 다시 시작해야 하므로 각종 데이터의 값을 새로운 값으로 변경하고 화면을 갱신한다.

– 's' 키가 눌러지면 "game.txt" 파일로 현재 상태의 데이터 값들을 저장한다.

– 'r' 키가 눌러지면 "game.txt" 파일로부터 값을 읽어들여 변수값들을 수정하고 화면에 출력한다. 이전에 저장되었던 화면 상태가 다시 나타남을 확인할 수 있어야 한다.

문제 2   파일 임의 접근 수행하기: 구조체 Point를 선언하고 point.txt 파일에 Point 값 (x, y) 10개를 바이너리 파일 형태로 저장한다. x, y 값은 각각 0~9 사이의 무작위 값으로 설정한다. 그리고 [추가], [수정], [출력], [종료] 메뉴에 따라 Point 값을 마지막에 추가하거나, 특정 위치의 Point 값을 수정하거나, 모든 Point 값을 출력하는 프로그램을 작성하라.

• 참고 사항

– [추가] 작업은 항상 파일의 마지막 위치에 추가된다.

▹ 추가 시에는 Point 변수의 x, y 값을 사용자로부터 입력받는다.

– [수정] 작업은 현재 저장되어 있는 특정 Point 값에 대해 적용이 가능하다. 예를 들어, 초기에는 10개의 Point 값이 저장되어 있으므로 10개의 값 중 하나에 대해 수정이 가능하다.

▹ 수정 시에는 사용자로부터 수정할 Point 값의 index 번호와 새로운 x, y 값을 입력 받는다.

– 바이너리 파일 처리를 위해 fwrite, fread, fseek 등의 함수를 사용한다.

• 실습 및 프로그래밍 절차

– Point 구조체를 만든다.

– 파일 구조체 포인터를 만들고 파일과 연결한다.

▹ 읽기/쓰기 모두 가능해야 하며, 바이너리 모드로 연다.

– 총 10개의 Point 값을 파일로 저장한다.

– 메뉴 선택 및 수행을 반복한다.

▹ 메뉴를 출력한다.

▹ [추가]를 선택하면 x, y 값을 입력받고 파일의 마지막 위치에 저장한다.

▹ [수정]을 선택하면 index 번호와 x, y 값을 입력받고 해당 위치의 값을 변경한다.

▹ [출력]을 선택하면 첫 번째 Point 값부터 마지막까지 차례로 출력한다.

▹ [종료]를 선택하면 반복문을 종료한다.

– 파일과의 연결을 해제한다.

• 실행 예

```
C:\Windows\system32\cmd.exe
>>> 메뉴 선택(1.추가, 2.수정, 3.출력, 0.종료) : 3
(3, 1) (0, 0) (3, 8) (1, 3) (7, 1) (6, 0) (4, 4) (9, 6) (2, 7) (2, 2)
>>> 메뉴 선택(1.추가, 2.수정, 3.출력, 0.종료) : 2
수정할 Point의 index 입력 : 1
수정할 Point의 좌표 입력 : 5 5
1:(0, 0)=>(5, 5)
>>> 메뉴 선택(1.추가, 2.수정, 3.출력, 0.종료) : 3
(3, 1) (5, 5) (3, 8) (1, 3) (7, 1) (6, 0) (4, 4) (9, 6) (2, 7) (2, 2)
>>> 메뉴 선택(1.추가, 2.수정, 3.출력, 0.종료) : 1
추가할 Point의 좌표 입력 : 9 9
>>> 메뉴 선택(1.추가, 2.수정, 3.출력, 0.종료) : 3
(3, 1) (5, 5) (3, 8) (1, 3) (7, 1) (6, 0) (4, 4) (9, 6) (2, 7) (2, 2) (9, 9)
>>> 메뉴 선택(1.추가, 2.수정, 3.출력, 0.종료) : 0
계속하려면 아무 키나 누르십시오 . . . _
```

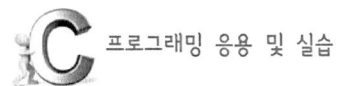

실습 보고서

다음 양식에 따라 각 문제에 대한 실습 결과 보고서를 작성한다.

학과		학번		이름	
학년		작성일시		담당교수	
실습 단계		문제			
문제 분석	무엇을 만들고자 하는지를 파악하고 설명한다.				
학습 내용	실습 과정에서 필요한 기술적 요소에 대해 기술한다.				
알고리즘 기술	프로그램 전체 또는 핵심 부분에 대한 알고리즘을 기술한다. 이때 순서도나 의사 코드를 사용할 수도 있지만 보다 자유로운 형식으로 기술할 수도 있다. 각 문제 별로 제시한 내용을 참고하라.				
프로그램 구현	소스 코드의 분량이 적을 경우에는 소스 코드 전체를 기술한다. 다만 소스 코드의 분량이 많을 경우에는 주요 소스 코드만 첨부하며 전체 소스 코드는 별첨으로 첨부한다.				
실행 결과	실행 결과 화면을 첨부하며 실행 방법 및 실행 결과에 대해 설명한다.				
종합 분석	본 실습을 통해 습득한 능력 및 느낀 점을 기술한다.				

다중파일 프로그래밍

학습 내용 전처리기, 다중파일 프로그래밍

학습 목표
- 전처리기의 개념에 대해 이해한다.
- #include 전처리문을 사용할 수 있다.
- #define 전처리문을 사용할 수 있다.
- #ifdef 등 조건부 컴파일 관련 전처리문에 대해 이해한다.
- 다중파일 프로그래밍의 필요성에 대해 이해한다.
- 선언과 정의에 대해 이해한다.
- 컴파일과 링크 시 필요한 사항에 대해 이해한다.
- 선언, 정의, 조건부 컴파일 등의 개념을 활용하여 다중파일 프로그래밍을 할 수 있다.

1단계 ┃ 이 정도는 눈 감고도 설명할 수 있다.

◀ 전처리기의 개념 ▶

- 복습: C 프로그램 작성 및 실행 단계

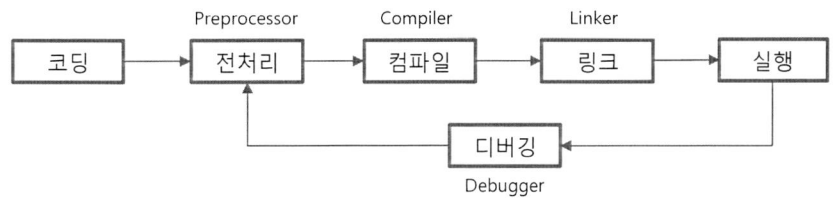

– 전처리 단계를 거치면 소스 코드로부터 전처리를 반영한 새로운 소스 코드가 생성된다.

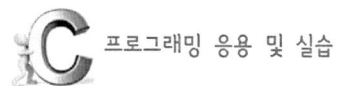

실제 컴파일 대상은 전처리 후의 새로운 소스 코드이다.

• 예를 들어, #define 전처리문을 처리한 후에는 #define 문장은 모두 사라진다.

소스 코드	전처리 후 소스 코드

#define PI 3.14
 	
int main(void)
{
    double area = PI * 5 * 5;
}
	int main(void)
	{
	    double area = 3.14 * 5 * 5;
	}

• 주요 전처리문
  – 파일 포함: #include
  – 문자열 상수 또는 매크로 정의 및 해제: #define, #undef
  – 조건부 컴파일: #if, #elif, #ifdef, #ifndef, #else, #endif

◀ #include 전처리문 ▶

• 지정한 파일의 내용을 그대로 복사한다.
• #include 〈stdio.h〉
  – stdio.h 파일의 내용을 복사한다.
  – 시스템에서 지정한 폴더들만 검색하며, 해당 폴더 내에 파일이 없다면 에러가 발생한다.
  – 주로 라이브러리 헤더 파일의 경우 사용한다.

• #include "util.h"
  – util.h 파일의 내용을 복사한다.
  – 소스 코드가 있는 폴더를 우선적으로 검색하며, 해당 파일이 없다면 시스템에서 지정한 폴더들을 검색한다.
  – 사용자가 만든 헤더 파일의 경우 사용한다.

◀ #define, #undef 전처리문 ▶

• #define 전처리문은 문자열 상수 또는 매크로를 만들 때 사용하고 #undef 전처리문은 #define에 의해 만들어진 문자열 상수 또는 매크로를 무효화할 때 사용한다.

• #define 문자열 상수 정의

- #define PI 3.14
- 전처리기에 의해 소스 코드 내에서 "PI"라는 문자열이 "3.14"로 대체된다.
- #undef PI
  - PI의 정의를 무효화한다. 이후로는 "PI"라는 문자열이 나타나면 에러가 발생한다.
- #define 매크로 정의
  - #define SQUARE(X) X * X
  - 소스 코드의 "SQUARE(3)"은 "3 * 3"으로 대체된다.
  - 함수 호출과 유사하다.
  - "SQUARE(1 + 2)"의 대체 결과는? "1 + 2 * 2 + 1"
    ▷ 실행 결과는 6이 된다. 원래 기대한 값은 3 * 3, 즉 9이다.
  - 매크로 작성 시 매개변수들에 대해 소괄호를 사용한다.
    ▷ SQUARE(X) ((X) * (X))
    ▷ "SQUARE(1 + 2)" → "((1 + 2) * (1 + 2))

예제 두 수를 곱하는 매크로 MULTI(X, Y)를 작성하고 사용해 보자.

- 매개 변수에 괄호를 할 때와 하지 않을 때, 각각 실행 결과가 어떻게 달라지는지 확인해 보라.

```
#include <stdio.h>
#define MULTI(X, Y) ((X) * (Y))

int main(void)
{
    printf("%d \n", MULTI(3, 4));
    printf("%d \n", MULTI(1 + 2, 3 + 4));
}
```

- #define 매크로는 주로 짧은 길이의 간단한 함수 대신 사용한다. 그러나 복잡한 내용의 경우 이해하기 힘들어지고 디버깅 또한 어려워지므로 #define 매크로의 사용을 권장하지 않는다.

◀ #ifdef 등 조건부 컴파일 전처리문 ▶

- 조건부 컴파일 전처리문을 평가하여 참 또는 거짓에 따라 해당 문장(들)이 전처리 후 소스 코드에 포함될 수도 있고 포함되지 않을 수도 있다.

- #if expression: expression이 참이면(0이 아니면) 이후 문장이 포함된다.
  ▷ #elif: else if의 의미이며, #if 다음에 나올 수도 있다.
- #ifdef identifier: identifier가 #define에 의해 정의되어 있다면 포함된다.
  ▷ #if defined(identifier)와 동일하다.
- #ifndef identifier: identifier가 #define에 의해 정의되어 있지 않다면 포함된다.
- #else: 위의 경우를 만족하지 않을 경우 포함된다.
- #endif: #if, #ifdef, #ifndef 전처리문 후에는 반드시 #endif 문이 온다.

예제   ADD라는 문자열 상수가 정의되어 있다면 두 정수의 합을 출력하고, 정의되어 있지 않다면 차를 출력한다.

```
#include <stdio.h>
#define  ADD          // 상수값은 중요하지 않다.

int main(void)
{
    int num1 = 4, num2 = 3;

#ifdef ADD
    printf("%d + %d = %d \n", num1, num2, num1 + num2);
#else
    printf("%d - %d = %d \n", num1, num2, num1 - num2);
#endif
}
```

· #define ADD가 있을 때와 없을 때의 실행 결과를 비교해 보라.

◀ 다중파일 프로그래밍의 필요성 ▶

• C 프로그램은 소스 파일 1개만 있으면 어떤 프로그램이든 구현이 가능하다. 그러나, 소스 코드가 1,000줄인 경우, 10,000줄인 경우, 심지어는 100,000줄인 경우를 생각해 보라. 하나의 파일로 관리하는 것보다 관련 있는 코드끼리 별도의 파일로 만들면 관리가 편해진다. 이를 다중파일 프로그래밍이라 한다.

• 보통 기능 별로 관련된 코드들을 하나의 소스 파일로 만들게 되는데, 관련 있는 코드의 묶음을 모듈(module)이라 한다. 즉, 모듈 별로 소스 파일을 별도로 만들면 코드 관리가 용이해진다.

- 하나의 소스 파일로 작성된 프로그램을 여러 개의 파일로 나눌 때, 소스 코드를 부분별로 단순히 복사를 하게 되면 프로그램이 동작하지 않을 수도 있다.
  - 다중파일 프로그램을 쉽게 구현하기 위해서는 선언과 정의, 컴파일과 링크 등의 개념에 대해 먼저 이해해야 한다.

◀ 선언과 정의 ▶

- 선언은 식별자의 타입 정보를 컴파일러에게 알리는 과정으로 식별자를 사용하기 이전에 반드시 해당 식별자에 대한 선언이 되어 있어야 한다. 식별자는 변수와 함수를 의미한다.

- 정의는 변수와 함수 그 자체를 의미한다. 변수의 경우 저장 장소가 예약되는 상황을 의미하며, 함수의 경우 함수 몸체를 모두 기술하는 것을 의미한다.
  - 정의 시에는 식별자의 타입 정보를 모두 포함하고 있으므로 정의가 오면 그 자체로 선언도 함께 된다.

- 그렇다면 순서 선언, 즉 정의는 아니지만 선언인 경우는 언제일까?
  - extern 변수 선언: extern int num;
    ▹ 프로그램 어딘가에 int num의 정의가 있다는 것을 알려준다.
    ▹ 초기값이 오면(extern int num = 0;) 정의가 된다.
  - 함수 프로토타입: int Sum(int, int);
    ▹ 프로그램 어딘가에 Sum 함수의 정의가 있음을 알려준다.
  - typedef 선언: typedef int INT;

◀ 컴파일과 링크 ▶

- 컴파일은 소스 파일로부터 기계어 코드를 만드는 과정으로 각각의 소스 파일 별로 수행된다. 그리고 링크는 컴파일된 결과를 모두 모아 실행 파일을 만드는 과정이다.

- 하나의 소스 파일이 컴파일이 되기 위해서는!
  - 파일 내에서 사용하는 식별자의 선언이 사용 이전에 1회 이상 등장해야 한다. 단, 해당 식별자의 정의는 1회 이하로 등장해야 한다.
  - 다시 말하면, 컴파일이 되기 위한 최소 요건은 해당 식별자의 선언이 1회 등장하고, 정의는 1회만 등장하거나 등장하지 않는 것이다.
  - 이상의 요건에 따르면 순수 선언은 2회 이상 심지어는 100회 이상 등장해도 컴파일은 가능하다.

– 예를 들면, int count라는 전역 변수의 경우

▹ extern int count;는 순수 선언이며 int count = 1;은 정의이다.

사례 1	extern int count;	선언이 1회 이상 등장했고, 정의는 없으므로 컴파일 가능
사례 2	extern int count; extern int count;	선언이 1회 이상 등장했고, 정의는 없으므로 컴파일 가능
사례 3	int count = 1;	선언이 1회 이상 등장했고(정의도 선언이므로), 정의는 1회 등장했으므로 컴파일 가능
사례 4	int count = 1; int count = 1;	선언이 1회 이상 등장했으나(정의도 선언이므로), 정의가 2개이므로 컴파일 불가능
사례 5	extern int count; int count = 1;	선언이 1회 이상 등장했고, 정의는 1회 등장했으므로 컴파일 가능

• 링크가 되기 위해서는!

– 프로그램에서 사용하고 있는 식별자에 대한 정의가 소스 파일들 중 어딘가에 단 1회 등장해야 한다. 없어서도 안 되고 2회 이상 등장해야 안 된다.

• 다중파일 프로그래밍 시 컴파일과 링크와 관련하여 이상의 원칙만 준수하면 된다.

– 이상의 준수 사항은 전역 변수와 함수에 대해 적용된다.

– 물론 하나의 지역 내에 동일한 식별자의 정의가 2개 이상 등장하는 것은 불가능하다. 예를 들면, 하나의 지역 내에서 정의에 해당하는 지역 변수 int num = 1;이 2회 이상 등장할 수는 없다.

◀ 다중파일 프로그래밍 ▶

• 헤더 파일은 컴파일 대상이 아니면 소스 파일에서 #include 전처리문을 통해 헤더 파일의 내용을 포함한다. 따라서 헤더 파일에는 여러 파일에서 공유하는 요소들이 오면 편리하게 사용할 수 있다.

– 순수 선언은 어느 파일이든 여러 번 포함되어도 된다.

– #define 선언 또한 어느 파일이든 여러 번 포함되어도 된다.

– 구조체와 열거형은 어느 파일이든 포함되어도 되나, 단 한 번만 포함되어야 한다.

예제   다음과 같은 소스 코드가 있다. Sum 함수를 sum.c 소스 파일로 포함시키고, main 함수는 main.c 파일로 포함시켜 보자. 그리고 구조체 Point와 count 전역 변수는 Sum 함수와 main 함수 모두에서 사용하고 있으므로 my.h 헤더 파일로 포함시키고 각 소스 파일에서는 #include 전처리문을 사용토록 하자.

```
#include <stdio.h>

struct Point
{
    int x;
    int y;
};

int count = 0;

struct Point Sum(struct Point pt1, struct Point pt2)
{
    count++;
    struct Point pt = { pt1.x + pt2.x, pt1.y + pt2.y };
    return pt;
}

int main(void)
{
    struct Point pt1 = { 1, 2 };
    struct Point pt2 = { 3, 4 };
    struct Point pt3 = Sum(pt1, pt2);

    printf("count : %d \n", count);
    printf("sum : (%d, %d) \n", pt3.x, pt3.y);

}
```

– 다중파일 프로그래밍 결과는 다음과 같다.

```
// my.h
#ifndef MY_H
#define MY_H

struct Point
{
    int x;
    int y;
};

extern int count;
struct Point Sum(struct Point pt1, struct Point pt2)

#endif
```

▸ my.h 파일의 #ifndef와 #define 그리고 마지막의 #endif를 통해 하나의 소스 파일에서 여러 번 my.h 파일을 include하는 경우 첫 번째 include 시에만 my.h 파일의 내용을 포함하는 것을 보장하게 된다. 두 번째 include부터는 MY_H 문자열 상수가 정의되어 있으므로 #ifndef MY_H가 거짓이 되어 #endif까지의 내용이 포함되지 않는다. 순수 선언의 경우 하나의 소스 파일에 여러 번 포함되어도 무방하지만 구조체의 경우 단 한 번만 포함되어야 한다.

▸ my.h 파일에는 int count = 0;과 같은 정의가 오는 경우 여러 파일에서 my.h 파일을 include하면 프로그램 전체적으로 count에 대한 정의 여러 개가 생기게 된다. 따라서 my.h 파일에는 int count에 대한 순수 선언을 포함시켰다. 단, int count에 대한 정의가 프로그램 전체적으로 1회는 등장해야 하므로 main.c 파일에 포함시켰다.

▸ my.h 파일에는 Sum 함수를 여러 소스 파일에서 사용할 수 있도록 Sum 함수의 프로토타입을 포함시켰다.

▸ 이제 각 소스 파일에서는 my.h 파일을 include한 후 Point 구조체, count 전역 변수, Sum 함수를 자유롭게 사용할 수 있다.

2단계 ┃ 이 정도는 눈 감고도 만들 수 있다.

문제 1 조화평균 매크로 만들기: 두 수 X와 Y가 있을 때 조화평균은 { 2XY / (X + Y) }와 같이 구할 수 있다. 다음과 같은 main 함수를 실행하면 H_AVERAGE 매크로로 전달된 값들의 조화평균 결과로 평가될 수 있도록 H_AVERAGE 매크로를 만들어 보라.

```
int main(void)
{
    printf("%f \n", H_AVERAGE(1, 2));
    printf("%f \n", H_AVERAGE(1 + 2, 3 + 4));
}
```

▸ **실행 결과**

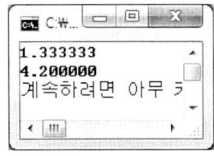

```
1.333333
4.200000
계속하려면 아무 키
```

- 참고 사항
  - 최종 결과는 double 값을 가지도록 한다. 이를 위해 매크로 내에 강제 형변환을 사용할 수 있다. #define 매크로는 정의 내용 그대로 대체되는 개념임에 유의토록 하라.

- 실습 및 프로그래밍 절차
  - H_AVERAGE 매크로를 만든다.
    ▹ 전달인자는 2개이다.
    ▹ 각 전달인자에 괄호를 했을 때와 하지 않았을 때를 비교해 보라.
    ▹ (double) 강제 형변환을 통해 실숫값으로 계산될 수 있도록 한다.
  - main 함수를 실행해 보고 또 다른 값에 대해서도 테스트해 본다.

3단계 | 조금만 생각하면 이 정도는 쉽게 만들 수 있다.

문제 1 　최솟값 매크로 만들기: MIN 매크로는 2개의 전달인자 중 최솟값으로 평가된다. main 함수 및 실행 결과를 참고하여 MIN 매크로를 만들어 보라.

```
int main(void)
{
    printf("%d \n", MIN(1, 2));
    printf("%d \n", MIN(5, 1 + 2));
}
```

▶ **실행 결과**

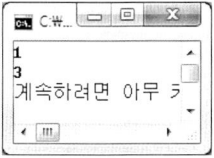

- 참고 사항
  - 삼항 연산자(?:)를 사용한다.

- 실습 및 프로그래밍 절차
  - 삼항 연산자를 사용하여 MIN 매크로를 만든다.
  - main 함수를 실행해 보고 또 다른 값에 대해서도 테스트해 본다.

문제 2   다중파일 프로그래밍 연습하기: 전역 변수 int share = 10;이 있다. 사용자에게 메뉴 방식으로 증가, 감소, 종료 중 하나를 입력받는다. 증가를 선택하면 share의 값을 1증가시키고 별도의 Print 함수를 호출하여 share의 값을 출력한다. 감소를 선택하면 share의 값을 1 감소시키며 마찬가지로 Print 함수를 통해 share의 값을 출력한다. 종료를 입력할 때까지 메뉴 입력 및 수행이 반복적으로 수행된다. 각 함수를 하나의 파일로 작성해 보라.

- 참고 사항
  - main.c 파일은 main 함수를 포함한다.
  - inc.c 파일은 증가 함수 Increament를 포함한다.
  - dec.c 파일은 감소 함수 Decrement를 포함한다.
  - print.c 파일은 출력 함수 Print 함수를 포함한다.
  - header.h 파일을 통해 전역 변수와 함수 프로토타입을 포함토록 한다.

- 실습 및 프로그래밍 절차
  - 프로젝트를 생성하고 필요한 파일을 만든다.
    ▹ header.h, main.c, inc.c, dec.c, print.c
  - 각 파일 별로 코드를 작성한다.
    ▹ inc.c: Increment 함수, dec.c : Decrement 함수, print.c : Print 함수
    ▹ header.h: 전역 변수 선언, 함수 프로토타입
    ▹ main.c: 전역 변수 정의, main 함수

4단계 | 나도 이런 프로그램을 만들 수 있다.

문제 1   합산 결과 출력 매크로 만들기: SUM(X, Y) 매크로는 X부터 Y까지의 모든 수를 합산하여 출력하는 매크로이다. main 함수 및 실행 결과를 참고하여 SUM 매크로를 만들어 보라. X, Y는 정수이고, X가 Y보다 작다고 가정한다.

```
int main(void)
{
    SUM(1, 10);
    SUM(11, 20);
}
```

▸ **실행 결과**

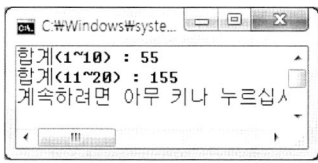

• 참고 사항
  - 다시 한 번 말하지만 #define 문은 정의 내용에 따라 그대로 대치하는 개념이다. 따라서 일반적인 코드(선언문, 조건문, 반복문 등)도 올 수 있으며 그 내용 그대로 대치된다.
  - 매크로를 여러 줄에 걸쳐 기술해야 될 경우에는 각 줄의 마지막에 '\' 문자를 입력하면 된다.
  - 다음 예는 전달인자로 전달된 값을 총 5회 출력하는 매크로의 예이다. 이와 같이 전체 내용을 블록({})으로 처리하면 독립적으로 수행하는 데 편리하다. X는 정수라고 가정한다.

```
#define PRINT5(X) \
    { \
        int i; \
        for (i = 0; i < 5; i++) \
            printf("%d \n", X); \
    }
```

  - 그러나, 이와 같이 복잡한 매크로는 가독성이 떨어지고 디버깅이 어려워지므로 일반 함수로 작성하는 것이 좋다.

• 실습 및 프로그래밍 절차
  - SUM 매크로를 작성한다.
    ▹ 참고 사항을 참고하여 실행 결과와 같이 실행될 수 있도록 만든다.
  - main 함수를 실행해 보고 또 다른 값에 대해서도 테스트해 본다.

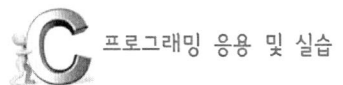
문제 2 우주선 조정 게임을 다중파일 프로그램으로 변환하기: 11주차 4단계 문제1과 12주차 4단계 문제1을 통해 우주선 조정 게임을 만들었다. 해당 프로그램에 서는 Point 구조체를 사용하였으며, 우주선을 이동하는 기능, 키보드 입력 기 능, 화면 출력 기능, stage 관리 기능, 별과의 충돌 체크 기능, 우주 밖으로 벗어났는지 체크하는 기능, 성공 체크 기능, 현재 상태 저장 기능, 저장 상태 복구 기능 등 다양한 기능을 요구하고 있다. 본 문제를 통해 해당 프로그램 을 3개 이상의 소스 파일과 1개 이상의 헤더 파일을 포함하는 다중파일 프로 그램을 만들어 보라.

- 참고 사항
  - 기존에 작성되어 있는 우주선 조정 게임 프로그램의 함수 구성 등에 따라 파일 구성 또한 다양한 방식으로 분할이 가능하다.
  - 다만 코드를 단순하게 분할하는 것 보다 기능 별로 유사한 것끼리 하나의 파일로 만 드는 것이 좋다. 예를 들면, main 함수를 포함하는 main.c, 화면 출력을 담당하는 ouput.c, 입력을 담당하는 input.c, 파일을 관리하는 file.c, 그 외에 필요한 함수들을 포함하는 util.c와 같이 나눌 수도 있다. 물론 공통적으로 사용하는 요소에 대해서는 header.h와 같은 헤더 파일을 만들어 사용할 수 있다.

- 실습 및 프로그래밍 절차
  - 공통적으로 사용할 요소들(예, 전역 변수, 구조체 선언, 함수 프로토타입)을 추출하고 헤더 파일에 포함시킨다.
  - main.c 파일을 만들고 main 함수를 포함한다.
  - 자신의 기존 프로그램 코드 구성에 따라 함수들을 기능 별로 분리하고 각각 별도의 소스 파일에 포함시킨다.

다음 양식에 따라 각 문제에 대한 실습 결과 보고서를 작성한다.

학과		학번		이름	
학년		작성일시		담당교수	
실습 단계		문제			
문제 분석	무엇을 만들고자 하는지를 파악하고 설명한다.				
학습 내용	실습 과정에서 필요한 기술적 요소에 대해 기술한다.				
알고리즘 기술	프로그램 전체 또는 핵심 부분에 대한 알고리즘을 기술한다. 이때 순서도나 의사 코드를 사용할 수도 있지만 보다 자유로운 형식으로 기술할 수도 있다. 각 문제 별로 제시한 내용을 참고하라.				
프로그램 구현	소스 코드의 분량이 적을 경우에는 소스 코드 전체를 기술한다. 다만 소스 코드의 분량이 많을 경우에는 주요 소스 코드만 첨부하며 전체 소스 코드는 별첨으로 첨부한다.				
실행 결과	실행 결과 화면을 첨부하며 실행 방법 및 실행 결과에 대해 설명한다.				
종합 분석	본 실습을 통해 습득한 능력 및 느낀 점을 기술한다.				

정가 12,000원

C 프로그래밍 응용 및 실습

2018년 12월 24일 초판 인쇄
2018년 12월 28일 초판 발행
저　자 : 황준하 · 조재한 · 손기봉
발행자 : 송　준
발행처 : 홍릉과학출판사
주　소 : 서울시 강북구 인수봉로 50길 10
　　　　01093
등　록 : 1976년 10월 21일 제5-66호
전　화 : (02) 999-2274~5, 903-7037
팩　스 : (02) 905-6729
e-mail : hongpub@hongpub.co.kr
http://www.hongpub.co.kr
ISBN: 979-11-5600-627-5

저자와의
협의하에
인지생략